펭수의 시대

펭수 신드롬 이면에 숨겨진 세대와 시대 변화의 비밀

펭수의 시대

김용섭 지음

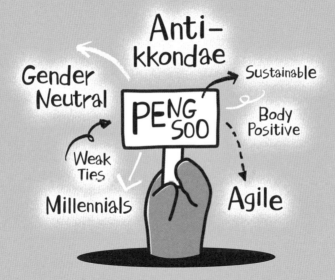

비즈니스북스

펭수의 시대

1판 1쇄 인쇄   2020년 3월 18일
1판 1쇄 발행   2020년 3월 25일

지은이 | 김용섭
발행인 | 홍영태
발행처 | (주)비즈니스북스
등 록 | 제2000-000225호(2000년 2월 28일)
주 소 | 03991 서울시 마포구 월드컵북로6길 3 이노베이스빌딩 7층
전 화 | (02)338-9449
팩 스 | (02)338-6543
e-Mail | bb@businessbooks.co.kr
홈페이지 | http://www.businessbooks.co.kr
블로그 | http://blog.naver.com/biz_books
페이스북 | thebizbooks
ISBN 979-11-6254-136-4   03320

펭수 남극 펭, 빼어날 수 **프로필**

경기도 고양시 일산동구
한류월드로 281(장항동)
한국교육방송공사 소품실

📍

자이언트 펭TV

▷

@giantpengsoo

◯

IDENTITY INFORMATION

국적 남극(장보고과학기지 인근 출생)
생일 / 나이 8월 8일 / 10세(2019년 기준)
성별 모르고 관심 없음
키 / 몸무게 210cm / 93.9 ～ 103kg
시력 좌우 9.3 ～ 9.6
학력 남극 유치원 2기 졸업
직업 EBS 연습생, 유튜브 〈자이언트 펭TV〉
　　　크리에이터

LANGUAGE

펭귄어 ██████████
물범어 ██████████
한국어 ██████████
영어 ████░░░░░░
프랑스어 █░░░░░░░░░

INTEREST

특기 요들, 랩, 비트박스, 댄스
취미 팬들과 소통하기, 노래 듣기, 참치 먹기
좋아하는 스타 BTS, 손흥민
좋아하는 노래 거북이 〈비행기〉
좋아하는 소설 《삼국지》
좋아하는 음식 참치, 국밥, 빠다코코낫, 따뜻한 녹차

촬영 없을 때 하는 일 참치 먹고 오락
이상형 눈과 키가 크고 이름에 '수'가
　　　들어갔으면 좋겠다, 펭수처럼
좌우명 웃어라, 행복해질 것이니
　　　펭수는 펭수다
목표 우주대스타

EXPERIENCE

가장 기뻤을 때 EBS에서 연습생 기회를 얻었을 때
가장 뿌듯했을 때 팬들이 자신 때문에 행복하다고 해 줬을 때
가장 슬펐을 때 덩치가 크고 눈이 이상하다고 남극에서 다른 펭귄들이 놀아 주지 않았을 때
가장 힘들었을 때 한국까지 헤엄쳐 왔을 때

한눈에 보는 **펭수 신드롬**

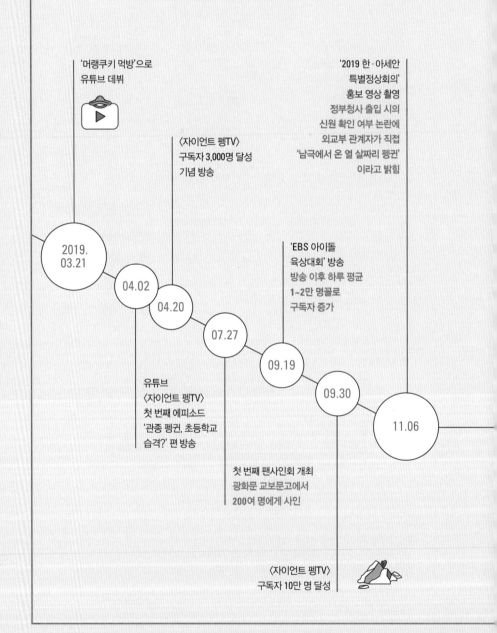

'머랭쿠키 먹방'으로
유튜브 데뷔

〈자이언트 펭TV〉
구독자 **3,000명** 달성
기념 방송

'2019 한·아세안
특별정상회의'
홍보 영상 촬영
정부청사 출입 시의
신원 확인 여부 논란에
외교부 관계자가 직접
'남극에서 온 열 살짜리 펭귄'
이라고 밝힘

'EBS 아이돌
육상대회' 방송
방송 이후 하루 평균
1~2만 명꼴로
구독자 증가

2019.
03.21

04.02

04.20

07.27

09.19

09.30

11.06

유튜브
〈자이언트 펭TV〉
첫 번째 에피소드
'관종 펭권, 초등학교
습격?' 편 방송

첫 번째 팬사인회 개최
광화문 교보문고에서
200여 명에게 사인

〈자이언트 펭TV〉
구독자 **10만** 명 달성

제3자의 '펭수',
'자이언트 펭' 상표 출원으로
EBS와 법적 공방
특허청 "제3자의
상표 출원은 불가하다."
판결

패션지 《나일론》에서
첫 단독 화보 공개
판매 4일 만에 완판

에세이 다이어리
《오늘도 펭수, 내일도 펭수》
사전 예약 판매
3시간 만에 1만 부 판매

100만 구독 기념 라이브 방송
구독자 애칭
'펭클럽'으로 결정

| 11.10 | 11.11 | 11.13 | 11.18 | 11.27 | 11.28 |

〈자이언트 펭TV〉
구독자 50만 명 달성

카카오톡 이모티콘
'열 살 펭귄 펭수의 일상' 출시
카카오 공식 이모티콘
'카카오 프렌즈'를 제외하고
최단 기간 최고 매출 달성

〈자이언트 펭TV〉
구독자 100만 명 달성

구글 트렌드
'2019 국내 인기 검색어'
인물 및 펭귄 부문
10위에 랭크

제야의 종
타종 행사 참석
시민이 뽑은
타종 인사 11인 중
득표 1위

〈MBC 방송연예대상〉에
시상자로 참석

12.11   12.13   12.29   12.30   12.31

영국 BBC에서
펭수 신드롬 보도
"한국인들이 무례한
거대 펭귄과 사랑에 빠졌다"

데뷔 300일 기념
서울 삼성역 중앙통로
광고 등장
펭클럽의 오픈펀딩으로 모금

동원F&B와
컬래버레이션한
'남극펭귄참치' 출시

〈자이언트 펭TV〉
구독자 200만 명,
1월 26일 기준
총 누적 조회 수
1억 8,000만 회 돌파

LOVE
MYSELF

〈골든디스크 어워즈〉
시상자로 참석
BTS와 만남 성사

02.04

01.29

01.28

01.16

01.06

2020.
01.05

'제 21대 국회의원선거'
홍보 모델 발탁
만 18세 유권자 투표 독려

빙그레 '붕어싸만코',
'빵또아' 모델 발탁
2019년 7월
'슈퍼콘 댄스 챌린지'에서
137등으로 탈락시킨 후
후회하던 빙그레 담당자가
EBS를 방문해 메로나
칫솔과 참치회를
선물로 주며 사과

첫 상업 광고
'정관장' 촬영
유튜브에서 5일 만에
600만 뷰 돌파

펭수는
BTS급이 되었을까?

이 책을 쓰게 된 가장 결정적 이유가 바로 〈표 1〉의 그래프다. 구글 트렌드에서 시간 흐름에 따른 관심도 변화를 비교한 것인데, 검정색 그래프가 BTS고, 주황색이 펭수다. 펭수가 세계적인 스타가 된 BTS를 유튜브 검색에서 2019년 11월에 무서운 기세로 추월하더니 일시적 관심이 아니듯 계속 우위를 보인다. 물론 한국 내 검색이라 BTS 대신 방탄소년단으로 검색하는 이들이 더 많다. 실제로 펭수, 방탄소년단으로 키워드를 설정해서 비교해 보면 11월에 잠시 펭수가 턱밑까지 치고 올라가지만 다시 방탄소년단이 우위를 나타내는 결과를 보인다. 하지만 단기간에 이 정도로 관심도가 급상승해서 비교 대상에 BTS(방탄소년단)를 소환한 것만으로도 놀라운 일이 아닐 수 없다.

표1 국내 유튜브 검색량 변화

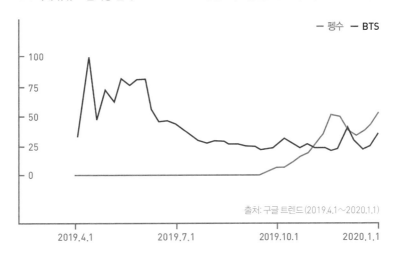

※ 관심도가 가장 높은 검색어(100) 대비 검색 관심도

— 펭수 — BTS

출처: 구글 트렌드(2019.4.1~2020.1.1)

여기서 중요한 건 펭수가 BTS와 비교할 급이 되었다는 점이다. 솔직히 비교라는 말이 억지일 수도 있다. 한국 내 검색 결과로 범위를 좁혔을 경우에 펭수가 추월한 결과가 나오는 것이지 범위를 전 세계로 하면 펭수는 BTS와 비교 자체가 불가하다. 당연히 그럴 수밖에 없다. 펭수는 아직 국내용 캐릭터에 불과하고 등장한 지 1년도 채 되지 않았기 때문이다. 그리고 BTS가 어떤 존재이던가? 2013년 6월에 데뷔해 이미 한국 역대 최다 음반 판매량 기록을 세웠고, 한국을 넘어 세계적으로 인정받는 그룹이다. 2017~2018년 전 세계에서 가장 많은 트위터 리트윗을 기록한 그룹이기도 하다.

2018년엔 유엔 총회에서 연설도 했고, 아메리칸 뮤직 어워드, 빌보드 뮤직 어워드, MTV 뮤직 어워드 등 세계적인 음악 시상식에서도 다수의 상을 수상한 세계적인 팝스타다. 유튜브 〈BANGTANTV〉 구독자가 2,610만 명(2020년 3월 기준)이고 국내 공식 팬카페 회원 수는 150만 명에 이른다. 전 세계에 충성도 높은 아미(BTS 팬클럽)가 가득한 스타가 바로 BTS다. BTS는 2019년 5월부터 6개월간 미국, 유럽, 남미, 아시아, 중동 등 전 세계 10개 도시에서 총 20회 공연했는데, 이때 티켓 매출만 1억 1,660만 달러(약 1,360억 원)였고, 팝업스토어 매출, 공연장에서 판매한 굿즈 매출, 공연 온라인 생중계 수익 등을 합친 월드투어 총 매출은 2,000억 원 정도로 추산된다. BTS의 소속사 빅히트엔터테인먼트의 2019년 상반기 매출이 2,000억 원 이상이었고 2019년 전체 매출은 최소 3,000억 원대로 추산된다. 현대경제연구원이 2018년 말 발표한 〈방탄소년단의 경제적 효과〉 보고서에 따르면 BTS의 생산 유발 효과는 약 4조 1,400억 원이며, 부가가치 유발 효과는 약 1조 4,200억 원이라고 한다.

이런 BTS와 펭수를 비교할 수 있게 되었다는 것이 주목할 점이다. 펭수는 처음 등장했을 때부터 자신의 목표가 BTS처럼 되는 것이라고 했지만 어느 누구도 그 말을 진지하게 받아들이지 않았다. 하지만 2019년 봄에 등장한 펭수는 그해 연말, '2019 올해의 인물' 선정에서 BTS를 제치고 1위에 올랐으며 BTS뿐만 아니라 손흥민, 백종원 등과 비교되는 인물이 되어 버렸다. 펭수가 실제 인물이 아니라 가상 캐릭터일 뿐인데도 실존 유명인들과 어깨를 나란히 하며 '올해의 인물'로 선정된 이유는 그만큼 펭수 신드롬이 거셌고 앞으로도 지속될 가능성이 아주 크기 때문이다. 펭수가 단순한 캐릭터를 넘어 문화 현상이자 시대의 아이콘이 된 것은 우연이 아니다. 그렇기에 펭수 신드롬의 실체이자 이유, 배경을 분석하는 것은 트렌드 분석가의 일이기도 하다.

2030 직장인의 취향을 저격하다

이 책은 개인적인 호기심에서 출발했다. 우연히 EBS 채널에서 펭수의 초창기 방송을 접했을 때 '저런 캐릭터가 다 있네' 하고 대수롭지 않게 생각했다. 그러다가 추석 때 'EBS 아이돌 육상대회'(이하 '이육대')와 그 직후 '펭수쇼'에서 진화한 펭수의 모습을 보며 묘한 흥미를 느꼈다. 제작진은 펭수를 통해 무엇을 보여 주고 싶은 걸까?

2019년은 밀레니얼 세대, Z세대에 대한 사회적 관심이 높았던 해다. 직장 내 세대 갈등과 꼰대 논쟁이 거셌고, 한국 사회 전체가 기성세대와 새로운 세대 간의 차이, 갈등을 주목하던 시기였다.

바로 이러한 세대 갈등과 꼰대 논쟁을 건드리고 나선 것이 펭수의 '이육대'였고, 그것을 기점으로 펭수에 대한 사회적 관심은 급속도로 커졌다. 이 관심을 확산시키기 위해서라도 제작진은 펭수를 더욱 진화시켜야 했다. 초등학생들의 캐릭터가 2030세대 직장인의 캐릭터로 변모하게 된 이유다. 광고계의 숱한 러브콜을 받던 펭수가 첫 번째로 계약한 상업 광고가 정관장이란 것에서도 2030세대 직장인들이 펭수에게 어떤 존재인지 알 수 있다. 펭수를 시기별로 보면, 초등학생을 공략하던 초기의 펭수, 2030세대와 직장인 코드를 반영해 진화하는 펭수 그리고 한국 사회 전반의 코드가 반영되며 더 진화할 펭수로 나눌 수 있다. 이를 분석하고 향후의 펭수가 어떻게 진화할지 예측해 보는 것도 트렌드 분석가에겐 흥미로운 일이다.

사실 나는 펭귄과 특별한 인연이 있다. 펭수 이전에 한국 사회를 뒤흔든 펭귄, 뽀로로를 기획한 아이코닉스 최종일 대표와 함께 《집요한 상상》을 출간했기 때문이다. 뽀로로가 어떻게 만들어졌는지를 크리에이티브의 관점으로 바라본 책이었다. 그리고 《펭수의 시대》에서는 펭수가 어떻게 한국 사회에서 트렌드가 되었는지, 펭수 신드롬의 실체를 트렌드 분석가의 관점으로 바라본다.

내가 소장으로 있는 날카로운상상력연구소는 비즈니스 창의력과 트렌드 인사이트Business Creativity & Trend Insight를 연구한다. 공교롭게도 한 번은 비즈니스 창의력의 관점으로 펭귄 캐릭터(뽀로로)를 봤고, 한 번은 트렌드 인사이트의 관점으로 펭귄 캐릭터(펭수)를 보는 책을 쓰게 되었다. 사실 애초에 펭수를 주제로 책을 쓸 생각은 없었다. 운 좋게 데뷔 초창기부터 펭수를 알게 되어 내 나름대로 펭수 신드롬을 해석하던 중 이 책을 담당한 김선영 에디터에게 펭수를 트렌드 분석가의 시선으로 분석해 보자는 제안을 받았다. 그리고 그 자리에서 바로 진행하기로 결정했다. 덕분에 2019년 연말과 2020년 새해를 펭수와 함께 보냈다.

펭수 신드롬은 한국 사회 변화의 산물이다

나는 매년 《라이프 트렌드》 시리즈(2013~)를 집필하는데, 2020년에 제시한 메인 키워드가 '느슨한 연대'Weak Ties 다. 그리고 2019년은 '젠더 뉴트럴'Gender Neutral 이었고, 2018년은 '아주 멋진 가짜'Classy Fake, 2017년은 '적당한 불편'이었다. 사실 이 키워드들은 펭수 신드롬과 무관하지 않다. 2019년 출간한《요즘 애들 요즘 어른들》에서는 한국 사회 세대 갈등의 실체와 밀레니얼 세대가 촉발한 사회적 변화를 중요하게 다루었는데, 이 또한 펭수 신드롬과 밀접한 관련이 있다.

펭수 신드롬을 분석하는 것은 단순히 인기 캐릭터기 때문이 아니다. 엄밀히 말해 펭수는 지금 한국 사회의 트렌드를 세심하게 반영해서 만든 입체적 캐릭터다. 펭수가 사람들의 반응에 따라 진화할 수 있었던 데는 연출자, 작가 그리고 연기자의 유연한 팀플레이가 매우 큰 역할을 했다. 초기의 펭수가 2019년 9월을 기점으로 어떻게 달라지고, 2020년에는 어떻게 달라지는지를 통해 2021년의 펭수를 조심스럽게 예측해 볼 수도 있다. 이것은 전적으로 펭수가 한국 사회의 트렌드, 그중에서도 라이프 트렌드와 사회문화 트렌드에 많은 영향을 받고 있어서 가능하다. 다시 말해, 펭수는 트렌드의 산물이자 우리 시대의 욕망을 담은 아이콘이다. 펭수 세계관 속에는 젠더 뉴트럴, 환경과 기후변화, 꼰대와 세대 갈등 등 한국 사회의 쟁점이자 사회문화적 트렌드가 녹아 있다. EBS 제작진의 의도든 시대적 선택이든 간에 펭수 콘텐츠는 결과적으로 EBS가 기사회생하는 데 신의 한 수가 되었다.

펭수 신드롬을 잘 분석하는 것은 우리 시대의 숙제다. 이유 없는 성공은 없고, 그 이유를 아는 것이 곧 우리 사회를 더 깊이 이해하는 방법이기 때문이다.

지금껏 이런 캐릭터는 없었다. 그래서 더 세심하게 펭수를 들여다볼 필요가 있다. 정말 펭수가 BTS를 능가할 글로벌 스타가 될 수 있을 것인가? 과연 펭수가 뽀로로를 넘어 펭귄계의 일인자가 될 것인가? 한국 사회가 빠진 펭수 신드롬, 펭수앓이가 과연 언제까지 이어질 것인가? 펭수에 열광하는 2030세대는 펭수를 통해 무엇을 기대하는가? 펭수 신드롬이 콘텐츠와 미디어 비즈니스에 어떤 영향을 줄 것인가? 이 책은 그 궁금증을 기반으로 태어났다.

트렌드 분석가 김용섭

차례

PART 1   펭수의 출현
: 상식을 넘고, 선도 넘는 캐릭터가 등장하다

Chapter 1   펭수 세계관은 어떻게 형성되었을까

PART 2

펭수 세대

: 밀레니얼 세대가 응답하다

PART 3

펭수의 시대

: 세대를 넘어 시대 아이콘이 되다

PART 1

펭수의 출현

: 상식을 넘고, 선도 넘는 캐릭터가 등장하다

펭수
세계관은
어떻게
형성되었을까

PENGSOO SYNDROME

왜 우리는 펭수를 실존 인물처럼 받아들일까?

2019년 한국 사회에서 가장 이슈가 된 주인공은 누구일까? 대중의 관심사를 기준으로 볼 때 BTS, 손흥민, 류현진, 백종원, 펭수 등이 5위권 안에 충분히 들어갈 만하다. 이들을 구글 트렌드에서 시간 흐름에 따른 관심도 변화로 비교해 봤다. 기간은 2019년 4월 1일부터 2020년 1월 1일까지다. 시작 시점을 펭수의 등장 시기에 맞춘 것인데, 2019년 전체(엄밀히 9개월)로 보면 BTS가 1위이고, 그다음으로 백종원, 손흥민, 류현진, 펭수 순서다. 그런데 11, 12월로만 좁혀 보면 놀랍게도 펭수가 단연 1위다. 펭수, BTS, 백종원, 손흥민, 류현진 순서다. 놀랍지 않은가? 어린이용 콘텐츠로 시작한 동물 캐릭터가 실존 인물들을 압도하고 있었다.

구글 트렌드의 결과만 그런 것이 아니다. 매년 연말이면 올해

표2 국내 웹 검색량 변화　　　　　　※관심도가 가장 높은 검색어(100) 대비 검색 관심도

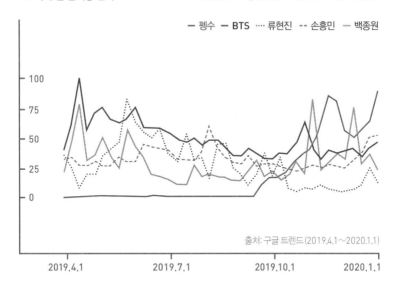

— 펭수　— BTS　···· 류현진　-- 손흥민　— 백종원

출처: 구글 트렌드(2019.4.1~2020.1.1)

2019.4.1　　　　　　2019.7.1　　　　　　2019.10.1　　　　　2020.1.1

의 인물을 선정하는 곳이 많다. 흥미롭게도 2019년 말에 주목받은
올해의 인물은 좀 특별했다. 진짜 사람이 아니라 가상의 캐릭터 펭
수였기 때문이다. 펭수는 취업포털 사이트 인크루트가 진행한 '올
해의 인물' 투표 방송연예 분야에서 BTS, 송가인을 제치고 가장
많은 득표를 거뒀다. 이뿐만 아니라 《시사저널》의 '올해의 인물'
문화 분야에 선정된 것을 비롯해 여러 매체의 인물 순위에서 단연
선두권에 꼽혔다. 펭수를 '가상'의 캐릭터가 아니라 '실존'하는 인
물로 우리 사회가 받아들인 셈이다.

"한국인들이 무례한 거대 펭귄과 사랑에 빠졌다."The rude giant penguin loved by South Korea.

영국의 BBC에서도 펭수가 케이팝을 대표하는 글로벌 스타 BTS를 제치고 올해의 인물로 선정된 것을 보도했을 정도다. 열 살이라고 하면서도 목소리는 성인 남자 같은 데다 마스코트로서 전혀 귀엽지 않은 거대 인형 캐릭터가 어떻게 이 정도로 사랑받을 수 있냐는 반응이었다. 우리가 봐도 펭수의 인기가 놀라울 정도인데, 이미 세계적 스타가 된 BTS를 그들로서는 이름조차 들어보지 못한 무명(?)에 가까운 펭수가 제쳤다는 것이 얼마나 놀라웠을까? 기사 끝부분에서 BBC는 "거대한 펭귄이 당신 앞에 등장한다고 해도 놀라지 말라. 그것은 그냥 펭수다."So don't be surprised if you soon see a giant gruffy penguin pop up around you, it's just Pengsoo라며, BTS에 버금갈 한국의 새로운 스타에게 호의적 시선을 보였다.

심지어 펭수는 2020년을 맞는 제야의 종 타종 행사에 시민 대표로 참석했다. 서울시가 2019년을 빛낸 인물을 시민들로부터 추천받아 투표로 뽑은 열한 명의 타종 인사 중 득표 1위가 펭수였다. 서울시장, 서울시의회의장, 서울시교육감, 서울경찰청장, 종로구청장 등 서울시를 대표하는 기관장들과 함께 제야의 종을 치는 타종 행사에 가상 캐릭터가 참석한 것은 펭수가 처음이다. 2020년

1월, 〈제34회 골든디스크 어워즈〉에도 펭수가 등장했다. 케이팝의 중요한 시상식에 유명 연예인이나 명사들이 시상자가 되는 경우는 많았지만 가상 캐릭터가 등장한 것은 여기서도 초유의 일이다.

언제 한국 사회에서 가상의 캐릭터를 이렇게 사람처럼 대했던 적이 있었던가? 이것은 대다수의 사람들이 매드클라운이 마미손이라고 짐작하면서도 마미손을 별개의 존재로 인정한 것보다도 더 파격적인 일이다. 산타클로스의 존재를 믿는 것 같은 느낌이라고 할까. 비약하자면 애니메이션 덕후가 자신이 좋아하는 애니메이션 캐릭터 인형과 결혼하겠다는 것을 보면서 '별 미친 일이 다 있네'가 아니라 '뭐 그럴 수도 있지'라고 여기는 것과 비슷하다.

한국 사회는 펭수를 연기자가 탈을 쓰고 연기하는 캐릭터로 받아들인 것이 아니라 살아 있는 인격체로 받아들였다. 물론 펭수를 연기하는 실제 인물이 누구인지 궁금해하는 사람들도 있지만 펭수를 펭수 그 자체로 바라보는 사람이 더 많다.

사실 펭수는 재미있고 웃기는 캐릭터가 아니다. 펭수를 2030 밀레니얼 세대가 적극 지지하는 것은 펭수의 외모 때문이 아니고, 펭수가 자신들의 목소리를 대변하듯 거침없이 사회와 기성세대에게 바른말을 하고 있기 때문이다. 권위에 주눅 들지 않으며, 관성에 억눌리지 않고 말하고 행동하는 것은 펭수의 선택이 아니다. 〈자이언트 펭TV〉제작진이 만들어 낸 펭수 캐릭터의 세계관에 따른 것이다. 펭수는 인형 안의 연기자 혼자서 만들어 낸 존재가 아니다. 〈자이언트 펭TV〉의 제작진만 수십 명(2020년 2월 기준 연출 7명, 조연출 4명, 작가 5명을 비롯해 촬영팀, 조명팀, 소품팀 등)이다. 이들 모두의 창의성과 노력이 합쳐져 펭수가 탄생한 것이기에 펭수 캐릭터를 연기하는 사람만 관심을 받는 것은 불합리한 일이다.

　디즈니사는 캐릭터 연기자에게 비밀 유지 서약서를 받는다. 애니메이션 속 캐릭터와 달리, 테마파크에 존재하는 캐릭터는 인형 탈을 쓰고 연기할 사람이 필요하다. 디즈니랜드에는 미키 마우스와 미니 마우스가 있고, 롯데월드에는 로티와 로리가 있다. 월트 디즈니의 심볼 캐릭터인 미키 마우스는 1928년에 처음 등장했고, 미니 마우스도 같은 시기에 나왔다. 이들이 애니메이션 속에서 나와 인형 탈을 쓴 캐릭터가 된 것은 1955년에 디즈니랜드가 만들어지면서부터다. 로티와 로리는 롯데월드가 개장한 1989년부터 함께한 캐릭터다. 그동안 수많은 연기자들이 이 캐릭터들을 거쳐 갔다. 하지만 우리는 여전히 캐릭터 자체로만 여기지 그 속에 있는 사람에 대해 궁금해하지 않는다. 그리고 이 캐릭터에 사람의 나이를 부여하지도 않는다. 미키 마우스를 90대 노인으로, 로티와 로리를 30대 중반으로 보는 것이 아니지 않는가? 인형 탈을 쓴 캐릭터고, 분명 그 안에 사람이 들어가서 연기하는 것을 알지만 누가

우리는 디즈니랜드의 미키 마우스와 미니 마우스를 캐릭터 자체로만 여기지 그 속에 누가 들어가 있는지 궁금해하지 않는다.

연기하는지를 묻지 않는 것이 불문율이다. 캐릭터를 연기자로 여기는 순간 캐릭터에 대한 몰입이 깨진다. 특히 어린이를 타깃으로 하는 캐릭터일 경우에는 더더욱 그 환상을 유지하는 것이 중요하다. 하지만 펭수는 처음 등장했을 때부터 실제 사람들과 어울리며 현실 세상의 구성원처럼 행동했다. 그리고 우리도 처음부터 펭수를 방송 화면 속에서 가두지 않고 우리와 함께 살아가는 존재로 받아들였다.

펭수는 나이가 중요한 캐릭터다

우리가 아는 대부분의 캐릭터들은 데뷔 연도, 즉 등장한 연도만 있을 뿐이지 따로 나이를 부여받지는 않았다. 하지만 펭수는 처음부터 자신이 열 살이라고 밝혔다. 이것은 두 가지 이유로 볼 수 있다.

첫 번째는 타깃을 또래로 포지셔닝해서 그들에게 친구처럼 다가가기 위한 설정 때문이다. 원래 〈자이언트 펭TV〉의 타깃은 초등학교 고학년, 즉 10대 초반이었기 때문에 펭수의 나이도 그들과 또래가 될 열 살로 설정했을 것이다. 아이돌을 꿈꾸는 EBS의 연습생이란 직업을 부여한 것도 마찬가지다. 10대 초반의 아이들에게 연예인과 아이돌은 동경의 대상이자 한번쯤 꿈꿔 보는 미래다. 제작진은 아마도 펭수가 2030세대를 비롯해서 어른들에게까지 큰 관심을 끄는 캐릭터가 될 것이라고는 예상하지 못했을 것이다. 어린이 콘텐츠로 만든 펭수에게 2030세대가 열광하는 것에 대해 제작진도 처음엔 놀랐을 것이다.

펭수가 나이를 밝힌 두 번째 이유는 펭수를 살아 있는 캐릭터로 만들기 위해서다. 펭수를 인기 유튜브 크리에이터로 만드는 것이 목표였으니 실존 인물처럼 자리 잡게 하는 것이 무엇보다 중요했다. 이를 위해 나이를 부여한 셈인데, 2019년에 등장하면서 자신의 나이를 열 살이라고 했으니 일반적인 셈법으로 계산하면

2020년에 열한 살이 된다. 그런데도 펭수는 자신이 여전히 열 살이라고 주장한다. 2020년 2월부터 〈자이언트 펭TV〉는 채널 메인 페이지에 '펭수(10살, EBS 연습생)'라고 명기했다. 그것은 2019년, 열 살로 나이를 밝히며 등장해 현실 사회의 일원처럼 활동하는 펭수가 실존 인물이라고 여기는 사람들 때문일 것이다. 그동안의 캐릭터들은 사람들과 직접 소통하며 살아가는 존재가 아니라 특정 세계관 안에 묶여 있는 가상의 존재였다. 그러니 현실의 규칙이나 통념을 따를 필요가 없었다. 하지만 펭수는 다르다. 가상의 세계관을 설정해 놓았지만 결국은 현실 세계로 나온 캐릭터가 되어 버렸기에 나이도 우리와 동일한 기준을 적용하는 것이 맞다. 2020년이 되자마자 펭수가 자신이 올해도 열 살이라고 강조하고 유튜브 채널에는 아예 나이를 표기해 둔 것을 보면 제작진도 이 문제를 고민한 것으로 보인다. 활동은 현실에서 실제 사람들과 어울려서 하지만, 캐릭터 정체성은 가상의 세계관에 맞추는 것이 더 유리하다는 것을 알고 있기 때문이다. 다른 설정들은 현실에 맞추면서 나이만큼은 예외로 두는 것이 억지일 수도 있으나 따지고 보면 펭수는 현실과 가상의 경계점에 있는 캐릭터이기에 불가능한 것도 아니다. 제작진은 펭수 캐릭터의 정체성을 계속 유지하는 데 열 살이 가장 적절하다고 판단했고, 이 정체성이 흔들리기를 원하지 않는다는 의미로 받아들일 수 있다.

사실 펭수가 나이를 초월한 인기 캐릭터로 자리 잡으면서, 나이를 밝히고 시작한 설정이 신의 한 수가 되긴 했다. 하지만 의도한 한 수였다기보다는 예상치 못한 행운의 결과일 가능성이 크다. 열 살짜리 펭귄이 자기보다 나이 많은 어른이나 선배에게도 당당하게 할 말 다 하는 '사이다 캐릭터'가 되면서 2030세대와 직장인의 지지를 이끌어 냈기 때문이다. 그런 점에서 펭수는 '될놈될'(될놈은 된다의 줄임말)이다. 펭수 제작진이 대부분 20대와 30대 초중반이고 여성이 과반수가 넘은 것이 이런 운을 만들어 냈다. 처음부터 2030세대를 열광시키는 것이 목표는 아니었지만, 2030세대인 제작진이 가진 시대정신과 유머 코드를 하나둘 녹여 넣다 보니 동년배 시청자들이 공감하게 된 것이다.

　　요즘 10대 초반의 아이들이 과거와 달리 정신적으로 충분히 성숙했다는 점에서도 2030세대와 접점이 형성되었다. 확실히 펭수는 초등학교 교실로 간 〈자이언트 펭TV〉 첫 에피소드부터 여느 열 살처럼 행동하지 않았다. 담임 선생님이나 교장 선생님 앞에서도 주눅 들지 않았고, 동등한 입장으로 말하고 행동했다. 말투나 행동을 열 살처럼 하지도 않았으며 성인 남성의 목소리로 열 살이라고 당당히 우겼다. 펭수는 처음부터 나이를 밝히면서 그 나이에 대한 우리의 선입견을 깨 버렸다.

힙합 하는 펭수와 플렉스

펭수가 밝힌 자신의 특기 중 하나가 랩이다. '펭수쇼'에서 펭수는 록, 힙합, 트로트, 발라드 각 장르별로 노래를 한 곡씩 불렀는데, 퀸의 〈We Will Rock You〉, 기리보이의 〈눈〉, 설운도의 〈삼바의 여인〉, 아이유&임슬옹의 〈잔소리〉를 불렀다. 펭수는 장르를 넘나드는 엔터테이너로서 심지어 요들송까지도 섭렵했지만 그중에서도 힙합 문화에 가장 많이 영향을 받았다. 펭수의 행동과 발언은 힙합의 스왜그Swag, 플렉스Flex를 연상시키는 경우가 많다. 처음 등장부터 펭수는 자신이 스타라는 인식을 가졌다. 유튜브 구독자 수도 적고 자신을 알아보는 이들이 없어도 이미 스타가 되었다는 최면을 스스로 건듯 행동했다.

펭수는 자신을 애써 낮추지 않는다. 겸손하지도 않다. 뻔뻔할 정도로 자기 자랑도 하고 자기 능력에 대해 과신한다. 기성세대건, 위계 구조건, 권위주의건 주눅 들지 않고 사회의 부조리와 관성에 저항하는 목소리도 잘 낸다. 힙합 스타일이다. 펭수에게 이런 특기를 부여한 것도 제작진의 치밀한 계산일 것이다.

1020세대에게 힙합은 음악을 넘어 라이프스타일의 중심이기 때문에, 그들을 공략하기 위해서라도 힙합은 필수다. 힙합은 1020세대에게는 주류 음악 장르다. 범위를 30대까지 확장시켜도 마찬가지다. 40대 중에도 힙합을 좋아하는 사람이 적지 않다. 이제 힙합은 세대를 초월한 대중음악 장르가 되었다. 과거 록에 열광했던 기성세대도 힙합에 자연스럽게 동조되어 간다. 기성세대가 어렸을 때는 비주류 장르로 취급받았지만 지금은 가장 뜨거운 장르가 되어 버렸다. 매년 흥행했던 록 페스티벌이 최근에는 힙합 페스티벌로 바뀌고 있을 정도다. 빌보드 차트도 힙합이 점령한 지 꽤 오래되었다. 빌보드 차트의 절반 이상(많을 땐 70~80퍼센트일 때도 있다)을 힙합이 차지하며 이것은 미국뿐 아니라 전 세계적인 흐름이기도 하다.

한국에서도 2012년 시작된 엠넷Mnet의 힙합 오디션 프로그램 〈쇼미더머니〉가 시즌 8까지 이어지며 힙합 인기를 견인했고, 2017년부터 시작된 10대들을 위한 〈고등래퍼〉도 시즌 3까지 인기를 무았다. 엠넷이 〈프로듀스 101〉 순위 조작 문제로 향후 계획 중이거나 진행 중인 오디션 프로그램을 폐지하기로 했지만 〈쇼미더머니〉와 〈고등래퍼〉만은 예외로 둔 것은 힙합 파워를 포기할 수 없었기 때문이다. 〈쇼미더머니〉는 매 시즌마다 1만여 명이 지원했고, 시즌 8에서는 역대 최다인 1만 6,000여 명이 지원했다. 〈고등래퍼〉도 2018년 시즌 2에 8,000여 명이 지원했다. 어디서 이렇게 많은 사람들이 새로 나타나는지 놀라울 정도로 탁월한 뉴페이스가 매년 나온다. 이런 프로그램을 통해 꿈을 키워 도전을 하는 이들이 계속 생겨나는 것은 그만큼 힙합의 저변이 넓어졌다는 의미다.

자신의 감정을 랩으로 말하듯 노래하는 힙합은 가난한 흑인들이 자신의 고통과 불행을 음악으로 드러내며 시작되었다. 주제는 제한이 없다. 상대에 대한 디스일 수도 있고, 자기 자랑일 수도 있고, 사회 비판일 수도 있다. 거침없는 표현과 내용을 담다 보니 속 시원한 쾌감을 느낄 수도 있지만 때론 차별이나 또 다른 폭력이 될 수도 있다. 힙합에는 스웨그와 플렉스라는, 자신을 뽐내듯 드러내는 표현이 있다. 원래 스웨그란 단어는 셰익스피어의 희곡 《한여름밤의 꿈》에 처음 등장했는데 '건들거리다', '잘난 척하다'의 의미로 쓰였다. 힙합에서 스웨그가 허세를 부리듯 자유분방한 스타일을 의미하기에 셰익스피어가 사용한 단어의 의미와 비슷하다. '약탈품', '장물'의 의미도 있다. 미국 서부 갱스터 문화와 흑인 빈민가, 힙합 문화를 주요 배경으로 다룬 게임 'GTA: 산 안드레아스'에서 물건을 훔치는 상황이 나왔을 때 '스웨그'란 표현이 쓰인다. 힙합의 배경을 생각하면 이것이 더 어울리는 의미다. 도둑질을 하자는 게 아니라, 법 제도의 틀을 벗어나서라도 갖고 싶은 것을 가지려는 욕망을 솔직히 드러낸다는 의미로 볼 수 있다. 이것은 플렉스와도 연결된다. 원래는 근육에 힘을 준다는 의미의 단어지만 힙합에서는 '자랑하다', '과시하다', '뽐내다' 같은 의미로 사용된다. 자신의 성공을 돈과 소비를 통해 증명하는 래퍼들의 과시욕

가난한 흑인 래퍼들이 자신의 성공을 돈과 소비로 증명하는 것, 즉 과시욕을 '플렉스'라고 한다.

을 플렉스라고 한다. 가난한 흑인 래퍼들이 온전히 자신의 능력으로 돈을 벌어 이를 당당히 자랑하며 쓰는 모습에서 비롯된 것으로, 과시욕이나 자기 자랑도 거부감 없이 받아 주는 것이 힙합이다.

힙합의 인기는 음악으로만 그치지 않고 스트리트 패션의 유행으로 이어졌다. 전통의 고가 브랜드보다 스트리트 패션 브랜드가 더 주목받다 보니 고가 브랜드가 스트리트 패션 브랜드에 컬래버레이션을 제안하기도 한다. 대표적으로 루이비통이 슈프림과 컬래버레이션을 한 사례를 들 수 있다. 과거에 루이비통은 슈프림이

자사의 디자인을 표절했다며 소송까지 걸었지만, 힙합과 스트리트 패션의 인기가 높아지고 전통적 고급 브랜드의 인기가 시들해지면서 먼저 나서서 컬래버레이션을 제안했다. 힙합을 주로 소비하는 1020세대(확대하면 30대까지도)가 음악으로서의 힙합만 소비하는 것이 아니라 래퍼의 패션 스타일과 그들의 소비 방식 등 힙합이 가진 모든 코드를 받아들이기 때문이다.

펭수를 기획하고 세계관을 부여할 때 이런 사회적 트렌드가 녹아들었을 것이다. 펭수가 너무 힙합에만 치중하는 것이 단점이

© Supremecyberbot

과거에 자사 디자인을 표절했다며 소송까지 걸었던 루이비통이 최근 슈프림에 먼저 콜라보레이션을 제안한 것은, 럭셔리 브랜드와 스트리트 브랜드의 입장 역전을 잘 보여 주는 사례다.

될 수도 있어서 록, 트로트, 댄스, 발라드에 요들송까지 넘나들지만 결국 세계관의 중심에는 힙합이 있다고 해도 과언이 아니다.

펭수는 무례한 캐릭터인가, 사이다 캐릭터인가?

그동안의 인기 캐릭터는 밝고, 친절하고, 귀여웠다. 그리고 결정적으로 과묵했다. 카카오의 인기 캐릭터 라이언이 말하는 것을 본 사람이 있는가? 짧은 메시지를 전하는 이모티콘으로 사용될 때는 있지만 스스로 나서서 자기주장을 논리적으로 거침없이 쏟아낸 적은 단 한 번도 없다. 동글동글해서 곰처럼 보이지만 사자인 라이언을 비롯해 인기 캐릭터들은 귀엽고 호감 가는 외모를 가졌다. 이런 캐릭터들은 이미지 자체로만 존재하지, 펭수처럼 어떤 발언을 하고 어떤 행동을 하느냐에 따라 호불호가 생길 수도 있는 리스크를 감수하지 않는다. 펭수는 처음 봤을 때 쉽게 호감이 가는 외모도 아닐뿐더러 뻔뻔하고 예의가 없어서 인성 논란까지 겪었다. 확실히 기존 인기 캐릭터들과는 다른 느낌이다.

'무례하고 버릇없는 캐릭터'가 예의를 중시하는 한국에서 어떻게 성공했는지에 초점을 맞춘 분석 기사가 여럿 있었다. BBC를 비롯한 외신에서도 이런 시각으로 펭수 성공의 배경을 들여다보았다. 하지만 펭수를 무례하다고 보는 프레임에는 문제가 있다. 무례함의 척도가 혹시 나이인 것인가? 나이 많은 어른에게 꼬박꼬박 말대답하고 고분고분 순종하지 않는다고 해서 무례하다고 해야 할까? 아니면 무례함의 척도가 지위일까? 겨우 1년 차 연습생에 불과한 펭수가 EBS 사장의 이름을 부르고 밥 사달라고 한다거나, 다른 방송국에 가서도 그 방송국 사장의 이름을 쉽게 부르는 것을 무례하다고 해야 할까? 아니면 1994년 데뷔한 EBS 직속 선배인 뚝딱이에게 "잔소리하지 마십시오, 제가 알아서 하겠습니다."라고 말한 것을 무례하다고 해야 할까?

만약 이런 것을 무례라고 여긴다면 자신의 도덕적 잣대를 다시 생각해 볼 일이다. 나이와 지위에 억눌려 순종하는 것이 과연 미덕일까? 나이에 따라 혹은 지위에 따라 옳은 것이 그른 것이 되고, 그른 것이 옳은 것이 되는 것은 불합리하다. 하지만 우리 사회에서는 통용되어 왔다. 어른이 하는 이야기에 아이가 반박하면 무례하고 버릇없는 아이가 되고, 상사가 후배에게 하는 행동을 후배가 상사에게 그대로 하면 무례하고 버릇없는 후배가 된다. 소위 나이에 따른 계급, 지위에 따른 계급이 있다는 이야기다. 예의 없이 사생활을 캐묻거나, 불편한 오지랖으로 '결혼을 왜 안 했느냐', '애는 왜 안 낳느냐' 같은 이야기를 묻는 상사에게 "제 사생활입니다. 묻지 마세요."라고 당당하게 이야기할 수 있는 부하 직원이 얼마나 있을까? 선배가 "다 너 잘 되라고 하는 이야기인데…"라며 잔소리를 꺼낼 때, 펭수처럼 "잔소리하지 마십시오. 제가 알아서 하겠습니다."라고 당당하게 답하는 후배를 얼마나 보았는가? 우리 사회에서는 그동안 보기 힘들었다. 만취 상태에서 술기운으로 이야기하는 후배는 가끔 있어도 바른 정신에 당당하게 이야기하는 후배는 없다. 이런 상황에서 진짜 무례하게 군 것은 주로 선배와 상사, 연장자다. 무례한 행동에 순응하는 것을 예의라고 생각해서는 안 된다.

2030세대가 펭수를 좋아하는 이유는 귀엽기 때문이 아니라 당당하게 자기 목소리를 내기 때문이다. 펭수는 사이다 캐릭터다. 그동안 나이가 어리다는 이유로, 지위가 낮다는 이유로 고구마를 먹은 듯 답답한 상황을 견뎌내야 했던 2030세대가 자신들을 대신해서 당당하게 말하는 펭수를 어찌 사랑하지 않을 수 있을까? 물론 같은 상황을 두고서 다른 시선으로 볼 수도 있다. 한쪽은 '무례하다'고 말하는데, 다른 한쪽은 '시원하다'고 말한다. 기성세대 혹은 과거의 시각으로는 펭수가 무례해 보일 수 있겠지만, 펭수의 행동은 나이가 권력이고 서열인 사회에 대한 반발이자 저항이다. 펭수가 무례한 캐릭터인지, 비정상의 정상화를 위해 정당한 요구를 하는 사이다 캐릭터인지는 독자들이 판단하길 바란다.

만약 제작진이 펭수를 백 살로 설정했다면 어땠을까? 그랬다면 펭수가 지금과 똑같은 행동을 했을 때 어느 누구도 무례하다고 하지 않았을 것이다. 우리 사회에서 나이는 그런 힘을 가졌다. 나이를 중심으로 수직적 위계 구조가 그 어느 곳보다 견고한 나라가 한국이다. 한국 사회의 권위의식과 위계 구조에 대해 저항하고 있는 열 살 펭귄을 2030 밀레니얼 세대가 지지하고 있다. 어린이 콘텐츠의 캐릭터로 출발했지만 2030세대가 공감하며 자신들의 아이콘으로 받아들일 수 있는 데는 이런 이유가 자리 잡고 있다.

펭수는 적응하고 진화하는 캐릭터다

〈자이언트 펭TV〉의 첫 번째 에피소드(2019년 4월 2일)가 '관종 펭귄, 초등학교 습격? 펭수, 학교 가다!' 편이다. 유튜브 크리에이터가 되겠다고 남극에서 헤엄쳐서 왔다는 펭수는 당시 유튜브 구독자 수가 한 명이어서 팬을 만들기 위해 일산초등학교 5학년 교실을 찾아가는 설정이다. 펭수는 전학 가서 만난 친구들에게 자기소개를 하며 "뽀로로를 무찌르고 일등이 될 거야."라는 말을 당당히 하고, '뽀로로가 너무 작고 안경을 써서 별로'라는 표현을 직접적으로 한다. 이것은 소위 '디스'다. EBS 캐릭터가 EBS의 다른 유명 캐릭터를 디스하는데, 외모를 이유로 들었다. 사실 여기까지는 힙합의 디스를 흉내 냈다고도 볼 수 있지만 엄밀히 말해 펭수도 외모 차별이 관성적으로 행해지는 한국 사회의 전형성에서 벗어나지 못했던 모습이다. 이러면서도 자신의 외모는 완벽하다고 말한다. 이것은 이중적 태도다.

그리고 "여자 친구 있어?"라는 초등학생의 질문에 "남자인지 여자인지도 모르면서."라고 답한다. 사실 펭귄은 암수 구별이 어려운 동물이다. 하지만 펭수는 펭귄이란 동물이 가진 속성에 충실했을 뿐 젠더 뉴트럴을 이야기하려고 했던 것은 아니었다. 초등학생이 저지르는 수준의 외모 차별이나 남녀에 대한 관성적 태도에서 벗어나지 않았고, 벗어날 생각도 보이지 않았다. 생각하는 수준이 초등학교 5학년 눈높이에서 멈췄다.

하지만 이후 2030세대의 지지를 받으며 어린이 캐릭터에서 직장인 캐릭터로 진화하면서, 외모와 성별에 대한 태도에 좀 더 진지한 메시지를 녹여 넣기 시작했다. 젠더리스Genderless와 보디 포지티브Body Positive가 펭수의 세계관에 녹아든 셈인데, 이것이 대표적인 진화의 증거다. 펭수가 전 국민적 캐릭터가 되면서 책임감이 커졌기에 발언과 세계관에 세심한 조율이 이뤄질 수밖에 없었다. 초기에는 정신적 수준이 열 살짜리 초등학생 수준에 불과했지만, 어느 순간 대학생이나 20대 직장인 수준의 펭수로 거듭나기 시작했다. 이런 변화는 아주 긍정적이다. 이는 펭수가 시대정신을 계속 흡수하고 있다는 증거이며, 또한 그동안 없던 실존 인물 같은 캐릭터로서 어떻게 행동해야 할지에 대한 답을 '성장'에서 찾고 있기 때문이다. 사람은 새로운 경험, 새로운 사람, 새로운 지식 등을 접하면서 계속 사고도 확장되고 성장한다. 이는 살아 있는 사람만이 가진 특권이자 가상의 캐릭터는 절대 따라 할 수 없는 영역이기도 하다.

펭수는 빨리 배우고, 적응하고, 변화를 받아들인다. 처음에는 어린이를 타깃으로 시작했지만 빠른 시간 안에 2030세대를 사로잡았고, 4050세대까지도 팬층을 확장해 가고 있다. 유재석이 트로트 가수 유산슬이 된 것처럼 펭수가 트로트 음반을 낼 가능성도 있다. 이미 '펭수쇼'에서 설운도의 〈삼바의 여인〉을 멋지게 불렀던 펭수다. 유재석 역시 〈무한도전〉에서 〈삼바의 여인〉을 부른 적이 있고, 삼바는 유재석이 좋아하는 댄스 장르이자 자주 활용하는 개그 코드이기도 하다. 펭수와 함께 2019년 한국 대중문화의 히트 상품이 된 또 다른 콘텐츠가 〈미스트롯〉과 송가인이다. 그리고 유산슬도 여기에 연결된다. 2019년 한국 사회에 불어온 트로트 열풍은 〈미스터트롯〉을 통해 2020년에도 이어지고 있다. 힙합과 트로트가 인기 장르로 공존하는 시기에 등장한 펭수는 공교롭게도 힙합과 트로트 모두 자신의 특기라고 했다.

이렇듯 만능 엔터테이너로서 펭수가 가진 상업적 가치는 무한하다. 캐릭터 비즈니스, 콘텐츠 비즈니스 그리고 연예인 비즈니스까지 가능한 펭수의 영역은 점점 더 확장되고 있다. 처음에는 모두가 웃어넘겼던 '우주대스타'라는 꿈이나, 뽀로로를 능가하겠다거나 BTS처럼 글로벌 스타가 되겠다는 말이 더 이상 농담이 아닌 것처럼 보인다.

하지만 여기에는 리스크도 따른다. 연예인처럼 사인회도 하고, TV와 라디오에도 출연하고, 행사나 이벤트 등 다양한 현장에도 나타나다 보니 펭수의 말 하나, 행동 하나가 그냥 사라지는 것이 아니라 기록으로 남고 확대 재생산된다. 말이 많을수록 말실수도 많아지기 마련이다. 하루아침에 뜬 스타가 순식간에 몰락하기도 하는 것이 연예계다. 펭수는 이제껏 등장한 인기 캐릭터와 달리 연예인에 더 가깝다. 따라서 매니지먼트를 통한 체계적 관리가 무엇보다 중요하다.

펭수가 변했다는 것은 앞으로도 변할 수 있다는 의미여서 변화의 배경과 방향을 아는 것은 2020년, 더 나아가 2021년 펭수가 어떤 모습을 보일지를 예측하는 데 도움이 된다. 대중은 그냥 받아들이지도, 이유 없이 사랑하고 밀어주지도 않는다. 대중의 사랑과 지지를 받는 것이 펭수로서는 가장 중요한데, 이를 위해서라도 펭수는 자신을 사랑하고 지지하는 사람들의 욕망과 목소리를 더 세심히 살피고 반영할 수밖에 없다. 2019년 펭수의 성공은 한국 사회의 선택이었다. 한국 사회의 트렌드와 한국인의 욕망이 펭수를 원했으며 2030세대의 선택으로 펭수는 스타가 되었다. 그리고 2020년에는 펭수가 한국 사회에 어떤 영향을 줄지가 중요해졌다. 펭수는 전 국민적인 영향력을 행사하는 슈퍼스타로서의 책임감을 갖고 발언과 행동을 신중히 해야 한다. 젠더, 환경, 윤리, 정의에 대한 상식적 목소리를 대변하는 아이콘이 되어야 한다.

펭수의 성공 원인은 운인가?

처음에 초등학생을 타깃으로 기획되었던 펭수는 현재 2030세대에게서 더 뜨거운 지지와 사랑을 받고 있다. 애초에 2030세대는 타깃으로 고려하지 않은 캐릭터였지만, 결과적으로 2030세대를 위한 캐릭터가 되어 버렸다. 그렇다면 초등학생용으로 만든 초기 기획은 실패했다고 해야 할까? 제작진이 잘 만들어서가 아니라 지금 시대가 펭수를 선택한 것이기에, 기획의 성과라기보다 시대적 타이밍이 낳은 절묘한 행운이라고 해야 할까? 이렇게 생각하는 것도 물론 가능하다. 하지만 펭수는 기획의 실패가 아니다. 오히려 기획의 성공이다. 제작진은 초기에 기획한 콘텐츠가 시장에서 어떤 반응을 보이는지, 소비자들의 반응은 어떤지를 면밀히 살펴 신속하게 변화를 주면서 펭수를 계속 진화시켰기 때문이다.

이렇게 재빨리 변화를 시도하는 공격적인 업무 방식을 애자일 Agile이라고 한다. 애자일은 '날렵한', '민첩한'이란 뜻인데, 현장 중심으로 접근해서 일단 시도해 보고 맞지 않으면 바꾸는 전략이다. 실패를 두려워하지 않고 재빠르게 도전해 본 뒤, 무엇을 어떻게 고쳐야 할지 파악해 다시 시도함으로써 혁신을 만들어 낸다. 지금 시대에는 낮은 비용으로 빨리 실패하는 기업이 살아남는다. 시행착오를 두려워하지 않는 것이 중요하다. 엔비디아NVIDIA의 CEO 젠슨 황Jen Hsun Huang은 직원들에게 낮은 비용으로 빨리 실패하는 법을 가르치는 것이 그들의 조직문화이고 이것이 바로 성공 비결이라고 했다. 구글도 실패에 관대한 조직문화를 가졌다. 오류를 계속 수정해 나감으로써 더 나은 결과를 만들 수 있기 때문이고, 이런 과정을 통해 고객과 시장 상황을 현실적으로 이해하고 신속하게 대응할 수 있다.

과거의 방식이었다면 〈자이언트 펭TV〉 제작진은 초등학생을 겨냥한 초기 기획이 반응이 생길 때까지 계속 밀어붙였을 것이다. 하지만 제작진은 시장의 반응과 시청자의 의견을 적극 수렴해 계속 변화를 줬고, 여기에 대해 다시 피드백을 받으면서 가장 상품성 높은 콘텐츠로 진화시켜 갔다. 시장에서의 반응이 2030세대 위주로 나오니 초기 기획을 고집하지 않고 그에 적극 대응한 것이 〈자이언트 펭TV〉 성공의 비결이라 할 수 있다.

애자일 프로젝트 팀의 책임자는 나이와 직위가 아니라 전문성과 역할의 최적성에 따라 정한다. 팀원 모두는 나이, 직급과 상관없이 동등한 발언권과 지위를 가질 수 있다. 말 그대로 '계급장 떼고' 싸울 수 있게 되는 것이다. 수평적 관계 속에서 주어진 업무 자체에만 집중하니 업무 속도가 빠르고 효율성이 높아진다. 〈자이언트 펭TV〉의 연출과 기획에 관여하는 제작진이 모두 2030 밀레니얼 세대(가장 나이가 많아도 30대 중반)이고, 여성 PD가 리더를 맡고, 전체 구성원의 성비가 균형을 이룬 것도 주목할 필요가 있다. 한국 사회의 조직문화가 가진 나이 서열화 구조와 위계 구조, 남성 중심의 군대식 문화에서 벗어나서 일할 수 있는 배경이 되기 때문이다. 〈자이언트 펭TV〉 제작진은 '솔직하고, 권위와 사회적 편견에서 자유로우며, 타인을 비난하거나 조롱하지 않는 선한 웃음을 전한다'는 기본 전제를 공유하고 있다. 수평화된 조직문화 안에서 제작진 모두가 펭수가 되어 기획, 구성, 연출을 한다고 할 수 있다.

이제 한국의 주요 대기업들도 애자일 프로세스를 적극 받아들이며 조직 구조를 개편하고 조직문화를 혁신하고 있다. 산업 구조의 변화로 기업들이 과거에 한 번도 해 보지 않았던 비즈니스에 계속 도전해야 하는 시대를 맞이했기 때문이다. 기존의 위계구조가 중심이 되는 업무 방식으로는 변화한 비즈니스 환경에서 성과를 만들어 낼 수 없다는 것을 기업들도 깨닫고 있다. 펭수처럼 과감

애자일 프로젝트 팀의 책임자는 나이와 직위순이 아니라, 전문성과 역할의 최적성에 따라 정한다.

하고 새로운 기획은 기존의 조직 운영 방식에서는 탄생하기 어렵다. 펭수의 성공은 새로운 비즈니스의 기회를 찾는 경영진에게 시사하는 바가 크다.

펭수는 캐릭터인 동시에 '연예인'이다

〈자이언트 펭TV〉 유튜브 채널의 구독자 수 증가 추이를 보면 더더욱 놀랍다. 〈자이언트 펭TV〉 유튜브 채널은 2019년 3월 20일

개설되었고, 〈자이언트 펭TV〉는 4월 3일에 EBS 채널에서 첫 방송을 시작했다. 하지만 유튜브 채널을 시작한 지 5개월이 지난 8월 31일까지도 구독자 수가 2만여 명 정도에 불과했다. 펭수가 무명 캐릭터이긴 했어도, 정규 방송되는 TV 프로그램이고, TV뿐 아니라 온·오프라인에서도 다양한 활동과 콘텐츠를 계속 시도했음을 감안하면 5개월 동안의 성적은 그리 만족할 정도가 아니었다.

하지만 2019년 9월부터 상황이 달라졌다. 9월 추석을 앞두고 만든 '이육대'가 2030 밀레니얼 세대의 흥미를 끌었고, 이후 제작진은 2030세대를 공략하기 시작했다. 그러다가 10월, MBC 〈마이 리틀 텔레비전 V2〉에 초등학생들의 새로운 대통령으로 불리는 유튜브 크리에이터 도티와 함께 나와서 주목을 끌었고, 10월 23일에는 MBC 라디오 〈여성시대 양희은, 서경석입니다〉(이하 〈여성시대〉)에 출연해 입담을 과시하기도 했다. 〈여성시대〉는 1988년부터(전신인 〈여성살롱〉은 1975년부터 시작) 지금까지 이어져 온 MBC 대표 장수 프로그램이고, 청취층도 주부나 중장년이 다수다. 이런 프로그램에서 펭수는 요들송을 부르고 로고송을 즉석에서 트로트 버전으로 편곡해 진행자 양희은에게 '요들 천재에다가 트로트 천재'라는 극찬을 받기도 했다. 이날 포털사이트 검색어 1위는 단연 펭수였다.

2019년 8월 31일까지 2만 1,000명이었던 유튜브 구독자 수가

9월 30일에 10만 명이 되었다. 한 달 동안 첫 5개월간 확보한 구독자 수의 4배 이상이 증가했다. 이후에도 구독자 수 증가세는 계속 이어지며 11월 27일에는 100만 명, 12월 31일에는 160만 명, 2020년 1월 29일에는 200만 명을 달성했다. 말 그대로 열풍이다. 거침없이 증가하는 구독자 수는 펭수의 인기를 상업적 가치로 전환시켰다. 기업의 러브콜이 쏟아지며 굿즈도 만들고, CF도 찍고, 방송 출연과 행사도 쉴 없이 다닌다. 한마디로 슈퍼스타 연예인이 되었다.

표3 〈자이언트 펭TV〉 채널 구독자 수 추이　　　　　단위 : 만 명

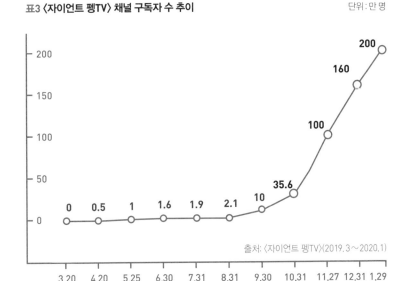

출처: 〈자이언트 펭TV〉(2019. 3 ～ 2020. 1)

펭수가 기존에 없던 캐릭터라는 점이 바로 이것이다. 펭수는 캐릭터 비즈니스와 연예인 비즈니스가 결합된 유일무이한 사례다. 다른 인형 캐릭터는 몸짓 연기만 하는데 반해 펭수는 노래도 부르고 춤도 추고 드라마 연기도 한다. 인터뷰도 하고 생방송에 출연해 상대의 질문에 즉석에서 답하기도 한다. 즉 펭수 캐릭터에서 연기자의 비중은 매우 크다. 엄청난 성공을 거둔 펭수가 앞으로도 인기를 이어가기 위해서는 EBS가 과연 연기자에 대해 어떤 평가와 대우를 해 주느냐가 관건이다. 펭수 캐릭터 관리만큼이나 펭수를 연기하는 연기자의 매니지먼트도 중요하다. 만약 연기자가 구설에 휘말리거나 문제를 일으킨다면 그 데미지가 고스란히 펭수 캐릭터에 영향을 미칠 수 있기 때문이다. 연예인 기반의 엔터테인먼트 사업에서는 연예인과 소속사 간의 관계가 중요하다. 특히 돈문제는 관계의 변수가 된다. 입장에 따른 이해관계와 시각 차이가 서로 다른 계산기를 두드리게 한다. 2019년 연말쯤, BTS와 소속사의 갈등에 대한 이야기가 언론을 통해 거론된 적이 있었다. 오해든 아니든 엄청난 성공을 거둔 후 연예인과 소속사는 갈등을 겪기가 쉽다.

캐릭터 비즈니스에서는 이런 고민이 없다. 실존하는 인물이 아니라 통제된 환경 속에서만 존재하는 가상의 캐릭터다 보니 사고 칠 일도 없고 소속사가 따로 관리해 줄 필요도 없다. 그 대신 캐릭터의 가치가 커지고 역할이 많아질수록 캐릭터에 관여한 사람들의 공과를 평가하고 지분을 나누는 것이 중요한 일이 된다. 한때 뽀로로의 저작권을 두고, 뽀로로를 기획(시나리오, 연출, 배급)한 아이코닉스와 뽀로로 애니메이션을 제작한 오콘의 소송이 있었다. 오콘이 소송을 제기한 것인데, 대외적으로 뽀로로 창작자로 아이코닉스만 거론되고 상도 전부 아니코닉스가 받는 상황에 대해서 공동 창작자로서 서운함이나 불만을 표출한 경우다. 법정에서는 두 회사 모두 공동 창작자라며 어느 일방의 손을 들어 주지는 않았다.

펭수 캐릭터에 대해서 이런 문제가 제기되지 않으리란 법은 없다. 캐릭터 비즈니스, 콘텐츠 비즈니스, 연예인 비즈니스가 결합된 것이 지금의 펭수 비즈니스다. 펭수의 가치가 더 커지고 펭수로 인해 버는 수익이 늘어날수록, 이해관계를 둘러싼 사람들의 서로 다른 입장이 만들 갈등도 배제할 수 없다. 결국 이것을 잘 관리하는 것도 펭수 열풍을 지속시키기 위해서 중요한 과제다.

CHAPTER 2

왜
하필
펭귄이었을까

PENGSOO SYNDROME

펭수는 아델리펭귄일까, 황제펭귄일까?

펭수는 펭귄이다. 펭수는 자신의 이름을 한자로 풀면 남극 '펭'씨에 빼어날 '수'秀라고 밝혔다. 남극 펭귄 중에서 가장 빼어나다는 뜻이라고도 했다. 펭귄은 펭귄목 펭귄과에 속하는 날지 못하는 새의 총칭이다. 주로 남극에서 살지만 갈라파고스나 뉴질랜드, 심지어 열대 지방에 사는 종도 있다. 원래 펭귄은 북반구에서도 살았다. 하지만 북반구 펭귄이 멸종되면서 우리에게 펭귄은 남반구의 동물로만 인식되고 있다.

이 중 남극에 사는 대표적인 펭귄이 황제펭귄과 아델리펭귄이다. 키가 210센티미터인 펭수는 자신의 덩치가 크다는 이유로 다른 펭귄들이 인정해 주지 않았을 때 슬펐다고 이야기한 바 있는데, 펭귄 중 가장 큰 종류는 황제펭귄으로 다 자라면 키가 110~120센티미터 정도 된다. 덩치만 봤을 때는 펭수를 황제펭귄으로 생각할 수 있지만 아델리펭귄일 확률도 배제할 수 없다. 아델리펭귄은 키가 65~75센티미터 정도라서 펭수와는 비교도 되지 않을 크기다. 오디션 영상에서 펭수는 남극에서 저가 항공을 타고 스위스에 불시착해 요들송을 배웠고, 스위스에서 헤엄쳐서 인천 앞바다까지 왔다고 밝힌 바 있다. 스위스에서 인천공항까지 비행기로 직선거리가 9,000킬로미터 정도다. 하지만 물길을 따라오면 지중해와 이집트 수에즈 운하를 지나고 홍해, 아덴만, 아라비아해, 남중국해를 거치는 동선이 최적일 것이다. 이렇게 해도 1만 4,000~1만 5,000킬로미터는 된다. 이 정도의 장거리를 헤엄치는 것이 가능한 펭귄은 황제펭귄이 아니라 아델리펭귄이다. 아델리펭귄은 이동기가 되면 약 1만 3,000~1만 7,000킬로미터의 바닷길을 헤엄치기도 하고, 귀소본능이 탁월해 비행기를 태워서 4,000킬로미터 떨어진 곳에 떨어뜨려도 10개월 후 원래 살던 곳으로 찾아간다. 길찾기도 탁월하고, 장거리 수영 실력도 수준급이다. 펭귄 중에는 멸종 위기 종이 많지만 아델리펭귄은 펭귄 중 가장 개체 수가 많다. 그만큼 번식력과 생존력이 좋다는 의미다. 국제자연보전연맹IUCN 조사 결과 1,200만~1,600만 마리 정도가 있고, 주로 집단생활을 한다.

아델리펭귄은 야생 상태에서 수명이 16년 정도, 황제펭귄은

덩치만 봤을 때는 펭수가 황제펭귄(왼쪽)이라 생각할 수 있지만, 스위스에서 한국까지의 거리를 헤엄치는 것이 가능한 것은 아델리펭귄(오른쪽)이다.

20년 정도로 알려져 있다. 포식자에게 먹히거나, 먹이 찾기 위해 장거리 이동을 해서 극심한 에너지 소모가 생기거나, 오랜 기간 굶주림에 처하는 등 여러 변수가 있다 보니 실제 수명은 그보다 짧다. 하지만 일부 펭귄은 야생 상태에서도 50년까지 살았다는 기록도 있고, 동물원이나 사육 시설에 있는 펭귄의 경우 야생 펭귄보다 수명이 길다. 펭수는 인간 세계에서 살고 있는 설정이기에 야생 상태에서보다 수명이 크게 늘어날 것으로 예상된다. 물론 한국의 미세먼지를 비롯해 환경오염 문제, 연예인으로서 펭수가 겪는 스트레스, 펭귄 무리와 떨어져서 홀로 살면서 겪을 외로움 등을 변수로 계산할 수는 있겠다.

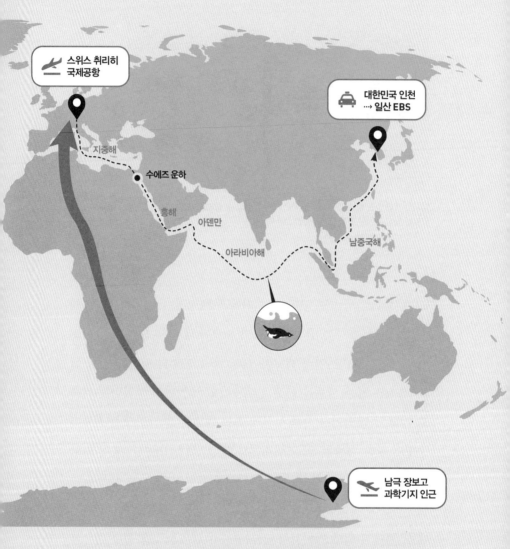

스위스 취리히
국제공항

대한민국 인천
┈▶ 일산 EBS

지중해

수에즈 운하

홍해

아덴만

아라비아해

남중국해

남극 장보고
과학기지 인근

펭수는 저가 항공을 타고 스위스에 불시착해, 스위스에서 헤엄쳐서 인천 앞바다까지 왔다고 밝힌
바 있다.

성공한 뽀로로 때문에 펭귄을 선택했다?

펭수에 대해 이야기하면서 뽀로로를 빼놓을 수는 없다. 한국에 왜 왔냐는 질문에 펭수는 "뽀로로가 있다는 소식을 듣고 '아, 저기가 내가 가야 할 곳이구나. 저길 가면 펭귄도 유명해질 수 있겠구나' 싶어서 고민도 하지 않고 왔다."고 대답했다. 펭수는 처음 등장부터 뽀로로를 거론하고 자신이 넘어야 할 대상으로 인식했다. 원래 신인은 자신의 롤모델인 스타를 비교 대상으로 삼으며 후광 효과를 얻으려고 한다. 뽀로로의 연관 검색어로 펭수가 언급되는 것을 의도한, 소위 묻어 가려는 전략이었다.

그렇다면 왜 EBS 제작진은 수많은 동물 중 '펭귄'으로 캐릭터를 만든 것일까? 가장 쉽게 떠오르는 합리적 추정은 뽀로로다. 성공한 캐릭터의 대명사이자 EBS도 지분이 있는 캐릭터다. 애니메이션 〈뽀롱뽀롱 뽀로로〉는 유아용 콘텐츠 시장을 개척한 일등공신이다. 〈뽀롱뽀롱 뽀로로〉 이전까지 국내 애니메이션은 7~10세를 타깃으로 겨냥해 만들었다. 2~5세 유아를 대상으로 만든 〈뽀롱뽀롱 뽀로로〉가 성공한 이후, 국내 애니메이션의 주류는 유아용 콘텐츠가 되었다. 제2의 뽀로로 신화를 쓰고 있는 핑크퐁도 1~5세가 타깃인 콘텐츠다. 후발 주자가 성공한 롤모델을 벤치마킹하는 것은 보편적 접근이기도 하니, 뽀로로의 성공을 지켜본 EBS가 새로운 펭귄을 만들어 볼 궁리를 했을 수 있다.

　뽀로로가 2003년에 데뷔한 캐릭터니까 벌써 오래되어서 '뽀로로 효과'를 간과해 버린 사람들이 있을지 모르겠지만, 여전히 뽀로로의 가치는 크다. 가령 2007년에 팔도가 뽀로로와 콜라보해 출시한 어린이 음료는 2019년까지 12년 연속 어린이 음료 시장에서 부동의 1위를 지키며 연간 500억 원 이상의 매출을 올렸다. 특히 2017년부터는 해외 매출이 국내 매출을 앞지르기 시작했는데, 2018년 판매된 뽀로로 음료 1억 1,800만 개 중 해외 매출(6,600만 개)이 국내 매출(5,200만 개)보다 많다. 2017년엔 할랄 인증MUI까지 받아서 동남아시아와 중동에서 매출이 더 늘었다. 음료 이름도 뽀로로이고 패키지 디자인에도 뽀로로가 크게 붙어 있다. 즉 뽀로로 캐릭터의 힘으로 파는 상품인 셈이다.

　전 세계 120여 개 국가에서 방송된 애니메이션 〈뽀롱뽀롱 뽀로로〉의 힘은 여전히 강력하다. 2003년에 〈뽀롱뽀롱 뽀로로〉가 성공한 덕에 시즌 2(2005), 시즌 3(2009), 시즌 4(2012), 시즌 5(2014), 시즌 6(2016), New 1(2017)이 계속 제작되었다. 총 에피소드도 286편이나 되고, 극장판도 여섯 편이나 된다. 그뿐만 아니라 〈요리공주 루피〉, 〈똑똑박사 에디〉 등 뽀로로 등장 캐릭터들의 스핀오프도 계속해서 나왔다. 2012년 한국콘텐츠진흥원은 뽀로로의 브랜드 가치가 8,500억 원(서울산업통상진흥원의 브랜드 가치 추정치는 3,893억 원)이고, 경제적 효과는 5조 7,000억 원에 이른다고 발표했다. 2003년부터 2018년까지 15년간 뽀로로 라이선스를 활용한 상품이 2,500여 종류 이상 출시되었고, 이들 상품의 누적 매출만 1조 2,000억 원을 넘었다. 뽀로로 콘텐츠 자체가 창출하는 매출은 제외하고 캐릭터가 만들어 내는 라이선스 상품 시장만 이 정도이다. 뽀로로의 성공을 재현하는 것은 EBS로선 중요한 미션일 수밖에 없고 펭수 이전에도 여러 방식으로 시도했을 것이다. 펭수 프로젝트는 그저 시청률 높은 방송 하나를 만들어 내는 것이 아니었다.

한편 기업 광고에서는 경쟁사를 대놓고 디스하는 시대적 분위기가 생겼다. LG전자가 삼성전자 TV에 대해 노골적 공격을 가했고, 삼성전자도 되받아쳤다. 펭수가 처음 등장한 때부터 대놓고 뽀로로를 디스하고, 뽀로로를 이기겠다고 공격적 선전포고를 날리는 것도 마찬가지다. 뽀로로가 착하고 배려심이 많은 캐릭터라면, 펭수는 할 말 다 하는 거침없는 캐릭터다. 과거였으면 이런 방식으로 벤치마킹 대상이자 롤모델을 공격하면서 이슈를 만들어 내지는 않았을 것이다.

뽀로로 제작자는 처음에 유아용 신규 애니메이션을 기획하면서 캐릭터를 사람으로 할지 동물로 할지 고민했다고 한다. 그러다 국내 방영뿐 아니라 해외 시장에 수출할 것을 전제로 하니 사람보다는 동물을 캐릭터로 하는 것이 유리하다는 결론을 내렸다. 사람을 캐릭터로 하는 경우에는 제작자가 의도하지 않더라도 캐릭터의 피부색, 행동, 매너 등에서 지역적, 문화적 특성이 드러나는 경우가 많은데, 그러한 특성이 해외 시장 진출에 불리하게 작용하기 때문에 동물을 캐릭터로 개발하기로 한 것이다.

그렇다고 수많은 동물 중에서 처음부터 펭귄을 떠올린 것은 아니었다. 유아들이 좋아할 만한 모든 동물을 리스트에 올리고, 그중 이미 유명한 캐릭터로 개발된 것은 하나씩 지워 갔다. 강아지는 스누피, 고양이는 키티와 톰, 쥐는 미키 마우스와 제리, 곰은 곰돌이 푸와 리락쿠마, 사자는 〈라이언킹〉의 심바, 토끼는 벅스 버니와 로저 래빗 등 웬만한 동물들은 이미 유명 캐릭터들이 선점한 상태였다. 후발 주자가 이들을 이기기란 쉽지 않다고 판단해서 범위를 좁히다 보니 리스트 최하단에 있던 펭귄이 기획자의 눈에 들어왔다. 펭귄은 남극에 산다는 점에서 신비감도 있고, 새면서도 날지 못하는 데다, 뒤뚱뒤뚱 걷는 모습이 마치 걸음마를 하는 아이를 연상시켜 친근감도 든다. 이 점에 꽂혀 펭귄을 심도 있게 분석하기 시작했고, 결국 뽀로로가 펭귄의 모습이 되었다.

펭귄 캐릭터 중 가장 유명한 것은 '핑구'다. 뽀로로가 펭귄으로 캐릭터를 설정한 후 가장 많이 연구한 벤치마킹 대상이 바로 핑구다. 〈꼬마펭귄 핑구〉는 스위스와 영국이 합작해서 만든 클레이

전 세계적으로 유명한 펭귄 애니메이션에는 〈꼬마펭귄 핑구〉(왼쪽), 〈해피 피트〉(가운데), 〈마다가스카의 펭귄〉(오른쪽)이 있다.

애니메이션으로, 1986년에 파일럿이 방영된 후에 1990년부터 2006년까지 16년간 계속되었다. 뽀로로와 달리 핑구는 가공의 언어인 핑구어를 쓴다. 즉 사람은 못 알아듣는 말이다. 깊이 있는 대화가 없어서 말을 잘 모르는 영유아를 위한 콘텐츠다. 더빙이나 자막 없이도 전 세계 누구나 볼 수 있다는 장점이 있다. 미국에도 펭귄 캐릭터 애니메이션이 있다. 2007년 제79회 아카데미상 장편 애니메이션 부문 수상작인 〈해피 피트〉(2006)는 전 세계 3억 3,360만 달러 흥행을 기록했고, 속편인 〈해피 피트 2〉(2011)는 1억 5,040만 달러의 수익을 냈다. 〈해피 피트〉는 〈매드맥스〉 시리즈를 만든 조지 밀러 감독의 작품이다. 또한 2012년 제64회 에미상 애니메이션 부문 수상작 TV 애니메이션 〈마다가스카의 펭귄〉의 영화 버전은 전 세계 3억 7,300만 달러 흥행을 기록했다. 전 세계에서 가장 흥행한 펭귄 애니메이션인 셈이다. 이렇듯 펭귄은 캐릭터계의 스테디셀러였다.

뽀로로와 펭수의 평행 이론

2003년에 나온 뽀로로와 2019년에 나온 펭수, 둘 중 하나는 초등학생의 대통령이 되었고 다른 하나는 2030세대 직장인의 대통령이 되었다. 한국의 창작 캐릭터 중에서 이 두 캐릭터만큼 폭발적인 관심을 받고 상업적 가치를 만들어 낸 캐릭터도 없을 것이다. 두 캐릭터 사이는 16년이란 간극이 있다. 하지만 둘 다 2020년 현재 진행형 캐릭터다. 뽀로로는 여전히 강력한 사업 매출을 자랑하고 있으며, 펭수는 2019년과 2020년 사회문화적으로 대한민국을 뒤흔들었다. 유튜브 채널 구독자 수(2020년 3월 초 기준)는 〈뽀로로〉가 359만 명, 〈자이언트 펭TV〉가 211만 명이다. 누적 조회 수는 〈뽀로로〉가 46억 1,958만 회(2011년 5월부터 2020년 3월 초까지), 〈자이언트 펭TV〉가 2억 621만 회(2019년 3월부터 2020년 3월까지) 정도다.

공교롭게도 펭수를 기획한 이슬예나 PD나 뽀로로를 기획한 아이코닉스의 최종일 대표 두 사람 모두 학창 시절 꿈이 PD였다. 1985년생 이슬예나 PD와 1965년생 최종일 대표, 두 사람 모두 대학에서 신문방송학을 전공했으며, 졸업 후 대기업 광고 회사에 입사하며 꿈을 잠시 내려놓았다. 그리고 이후로 이들은 다른 듯하지만 묘하게 닮은 길을 걸어 왔다.

이슬예나 PD는 꿈을 위해 다니던 대기업을 퇴사하고 시험 끝에 방송국에 들어갔다. EBS에서 어린이·유아 관련 콘텐츠를 연출

© ICONIX

뽀로로의 유튜브 채널 구독자는 359만 명으로 여전히 대단한 인기를 유지하고 있다.

하다가 9년차에 펭수를 만들어 냈고, 펭수의 히트 덕분에 PD로서 새로운 전성기를 맞게 되었다. 〈자이언트 펭TV〉를 넘어 펭수를 활용한 콘텐츠와 비즈니스의 확장으로 2020년에 더욱 바빠지고 더 큰 가치를 만들어 낼 것으로 기대를 모은다.

최종일 대표는 대기업 광고 회사에서 10년간 일하면서 광고가 아니라 애니메이션 사업으로 내공을 쌓았다. 금강기획은 대기업 광고 회사로서는 드물게 창작 애니메이션 사업에 투자했는데, 〈녹색전차 해모수〉가 그가 기획에 참여한 애니메이션 중 하나다. 하지만 금강기획은 결국 애니메이션 사업부를 포기했고, 최종일 대표가 이를 인수해서 아이코닉스를 만들었다. 이후 그는 해외 애니메이션의 한국 사업 대행이나 배급 등으로 자금을 마련해 창작 애니메이션에 쏟아부었지만 결과는 성공적이지 못했고 회사는 위기에 빠졌다. 하지만 미련을 버리지 못하고 마지막이라며 절박한 심정으로 만든 애니메이션이 〈뽀롱뽀롱 뽀로로〉였다. 〈뽀롱뽀롱 뽀로로〉의 성공 이후 〈꼬마버스 타요〉, 〈치로와 친구들〉, 〈태극천자문〉 등 수많은 히트작도 낳았다.

PD를 꿈꾸며 신문방송학과에 진학했던 20년 차이 나는 두 사람은 유아·어린이용 콘텐츠를 기획하며 방송용 애니메이션이자 콘텐츠를 만들었다는 부분에서 아주 비슷하다. 또한 두 사람 모두 학창시절의 꿈을 이루었다는 점도 닮았다.

암수 구분 안 되는 펭귄과 젠더 뉴트럴

펭귄은 성별이 정해진 채 태어나지 않는다. 야생에서는 펭귄이 성인이 되는 시기를 생후 2년으로 보는데, 이때까지는 무성Genderless 으로 자란다. 인간 사회에서는 최근 들어서 젠더리스와 젠더 뉴트럴이 중요 이슈가 되고 성 중립성을 바라보는 태도나 성차별을 없애려는 요구가 트렌드가 되었지만, 펭귄에게는 아주 오래전부터 당연한 일이었다. 펭귄은 번식기에 수컷과 암컷이 똑같이 육아를 분담한다. 이런 점은 인간으로서도 생각해 볼 부분이다.

　펭수는 스스로를 남자도 여자도 아니라고 밝혔다. 사실 그것은 잘못된 이야기다. 분명 성별은 있다. 펭수 스스로는 알 것이다. 열 살이나 된 펭수는 사실 펭귄 나이로는 아이가 아닌 성인이다. 그럼에도 불구하고 성별을 밝히지 않는 이유는 젠더 뉴트럴 트렌드를 반영하려는 의도가 펭수 세계관에 녹아 있기 때문이라고 판단된다. 2019년 한국 사회에서는 젠터 뉴트럴이 핵심 화두로 떠오르면서 성 중립성과 성 인지 감수성, 성차별 근절에 대한 활발한 논의와 사회적 이슈들이 생겨났다. 기업의 마케팅에서도 과거에 비해 노골적 성 상품화나 성별에 대한 고정관념을 드러내는 것이 크게 줄었다. 펭수를 기획하면서도 이런 사회 트렌드를 반영했을 것이다. 그렇지 않다면 군이 펭수가 자신의 성별을 밝히지 않을 이유가 없기 때문이다. 남자 목소리가 뻔히 느껴지는 데다 말투나 행동에서도 남성적 코드가 은연중에 드러날 때가 있는데도 말이다.

펭귄은 조류 중 유일하게 외관상으로 암수 구별이 뚜렷하지 않은 동물이다. 사람뿐만 아니라 펭귄조차도 서로의 암수를 잘 구분하지 못한다. 동성 커플도 많다. 무리 생활을 하는 동물 중 동성 커플이 있는 경우는 펭귄 외에도 양, 흑조 등이 있다. 물론 동성 커플 중에선 동성애자가 아니라 이성애자인데도 성별을 구분하지 못해 동성과 짝을 이루는 경우도 있다. 펭귄끼리는 이런 상황에 대한 나름의 방법을 갖고 있다. 아델리펭귄과 젠투펭귄은 구애할 때

흑조 무리에서는 서로가 암수를 구분하지 못해 동성 커플이 생기기도 한다.

수컷이 암컷에게 돌멩이를 준다. 예쁘고 매끈한 돌멩이를 골라서 주면 그것을 받은 암컷이 마음에 들 경우 짝을 맺는다. 만약 수컷이 암컷인줄 알고 다른 수컷에게 돌멩이를 주면 상대 수컷은 돌을 걷어찬다고 한다. 즉 다른 펭귄들이 구분하기 어려워 그런 것이지 자신은 스스로가 암컷인지 수컷인지를 인지하고 있는 셈이다. 흥미로운 것은 예쁘고 반짝거리는 것을 선물로 주며 구애를 하는 동물은 펭귄과 사람밖에 없다는 점이다.

성별에 대한 질문은 펭수가 처음 등장하자마자 나왔다. 초등학생이 펭수에게 '여자 친구 있냐'고 물었는데 이는 펭수를 남자로 단정한 질문이었다. 〈여성시대〉에 출연했을 때도 진행자들이 펭수에게 여자 친구가 있냐고 물었다. 우리 사회는 아이나 어른이나 성별을 이분법적으로 구분하는 데 익숙하다. 이 상황에서 펭수는 '여자 친구도 남자 친구도 없다'며 이분법적 답변을 거부했다. 제작진이 펭수에게 특정 성 정체성이 드러나지 않도록 설정했기 때문이다. 이것은 아주 중요한 세계관이고, 무성 출생과 암수 구별이 어렵다는 펭귄이 가진 특징을 젠더 뉴트럴 트렌드와 절묘하게 연결시킨 부분이다. 일부 언론과 네티즌 수사대가 펭수의 성별, 엄밀히 펭수 연기자의 성별을 남자라고 추정했는데, 이런 행태에 대해 오히려 펭수 팬들은 부정적인 반응을 보였다. 펭수 스스로가 남자도 여자도 아니라고 밝혔는데도 그걸 다시 파헤치려고 하는 것

자체가 하나의 폭력이며, 다양성을 받아들이지 못하고 이분법적 구도 내에서만 규정하려는 편협함이다.

그동안의 모든 캐릭터가 성별을 가졌고, 남자 캐릭터와 여자 캐릭터가 짝을 이뤘다. 미키 마우스와 미니 마우스, 뽀로로와 패티, 방귀대장 뿡뿡이와 뿡순이 등이 그 예다. 동물이든 외계인이든 모두 성별을 부여했다. 심지어 버스나 로봇도 성별을 나누었다. 컬러를 통해서도 남녀를 구분했는데, 전형적인 성 역할을 만들어 내는 발상이다. 과거에는 젠더 문제가 사회적 이슈가 아니기도 했고

우리 사회는 아이나 어른이나 성별을 이분법적으로 단정하는 데 익숙하다.

성 역할에 대한 고정관념이 견고하던 시기라서 그랬다 치더라도, 지금 시대에는 이런 발상이 문제가 된다. 남성 캐릭터에 파란색을, 여성 캐릭터에 핑크색을 칠하는 발상은 너무 구시대적이지 않은가?

EBS가 만든 캐릭터에도 이런 고정관념이 적용된 것이 상당수였다. 하지만 펭수는 이것에서 의도적으로 탈피하고 있다. 성 역할에 대한 고정관념을 거부한 것이다. 이것은 어린이 콘텐츠에서 아주 중요한 포인트다. 이미 세계적인 장난감 회사들도 성 역할의 고정관념을 심어 주는 장난감을 만들지 않기로 했고, 유통업계도 매장에서 장난감을 팔 때 색깔로 남녀 구역을 구분 짓는 일을 하지 않고 있다. 성 역할에 대한 고정관념이자 기성세대가 한국 사회에서 보여 줬던 성차별적 관행을 아이들이 고스란히 물려받는 것만큼 비교육적인 것도 없다.

이슬예나 PD의 〈여성신문〉 인터뷰(2019.12.19) 내용을 참고로 인용한다.

실제로 펭귄은 암수 구별이 어려워요(웃음). 그래서 저는 그 부분이 마음에 들었어요. 젠더 같은 경우 사회에서 민감하게 다룬 것이 얼마 되지 않았잖아요. 제가 어렸을 때도 미디어에서 보이는 여성과 남성의 모습은 확실히 구분됐어요. 저도 그걸 자연스럽게 받아들이며 컸죠. 그런데 이 자연스러움을 깨고 싶었던 것도 사실입니다. 펭수가 다양한 현장에서 다양한 사람들을 만나는 것이 콘텐츠의 핵심인데 여기에서 '펭수가 여성이냐 남성이냐'는 중요하지 않다고 생각했어요. 저희 제작진도 콘텐츠를 제작할 때 성 인지 감수성을 공유하며 기획하기 때문에 틀에 박힌 고정관념을 보여 주고 싶지 않았습니다.

집단생활을 하는 펭귄과 느슨한 연대

펭귄은 주로 집단생활을 한다. 양육과 먹이 사냥에서도 집단적인 행태를 보인다. 무리에 대한 충성도가 높아 포식자가 공격했을 때 동료나 가족을 구하기 위해 포식자에게 덤비는 경우도 많다. 집단 내에서 서열과 위계질서가 중요하다. 이런 특징은 한국인의 정서와도 연결된다. 집단주의와 남성 중심의 가부장적 서열주의가 최근 우리 사회가 겪는 꼰대 논쟁의 핵심 배경이 되기도 한다. 이것은 끈끈한 연대를 지향하는 기성세대와 느슨한 연대를 지향하는 밀레니얼 세대 간의 충돌이기도 하다. 그 때문에 한국 사회에서 2019년 밀레니얼 세대와 Z세대를 다루는 책이 쏟아져 나왔고 세대 갈등과 세대 차이를 다루는 콘텐츠가 TV 방송과 유튜브에서 급증했다. 꼰대 문제는 2030세대만 느끼는 것이 아니다. 초등학생 사이에서도 한 학년 선배를 꼰대라고 부르고, 대학에서도 4학

3,000억 적자에서 5,000억 흑자로! 기적 같은 성공을 만든 디테일의 기술

"단 1g의 감동 포인트까지
지독할 만큼 철저하게 계산하라!"

**망해가던 시골 기차를
로망의 아이콘으로 만든 7가지 비밀!**

JR큐슈철도회사 CEO인 저자는 레드오션에서 남들과 다른 차이점을 만드는 힘, 새로운 시장을 창출하는 방법으로 '디테일'의 중요성을 역설한다. 이 책에는 적은 비용으로 고객의 만족도를 높이고, 새로운 시도를 성공시키는 디테일의 7가지 기술이 구체적인 사례와 함께 정리되어 있다.

아주 작은 디테일의 힘

가라이케 고지 지음 | 정은희 옮김 | 값 14,000원

인생도 수입도 극적으로 바뀌는 마법의 말하기 습관

"당신 곁에는 이미 돈이 있습니다.
당신은 그걸 부르기만 하면 됩니다."

**일본 개인 납세액 1위 사이토 히토리가 알려주는
돈과 운을 끌어당기는 말버릇!**

매일매일 무심코 내뱉는 말이 당신의 인생을 극적으로 바꾼다! 평범한 회사원에서 젊은 억만장자가 된 저자가 일본의 대부호 사이토 히토리에게서 배우고 몸소 실천한 '인생이 드라마틱하게 바뀌는 말버릇의 비밀'을 알려준다.

일본 최고의 대부호에게 배우는
돈을 부르는 말버릇

미야모토 마유미 지음 | 황미숙 옮김 | 값 13,500원

세상의 뻔한 공식을 깨부순 게임 체인저들의 44가지 법칙

"편견과 실패의 엉덩이를 시원하게 걷어차는 법!"

26살에 600만 달러를 벌고 28살에 모든 것을 잃어본 실리콘밸리 괴짜 CEO가 파헤친 성공의 과학!

'방탄커피' 창시자이자 실리콘밸리의 괴짜 CEO 데이브 아스프리가 팟캐스트를 통해 만난, 세상을 뒤흔든 게임 체인저 450명의 성공 공식을 밝힌 책. 호흡부터 식습관, 말, 생각, 감정, 운동, 수면 그리고 성생활까지 내 안의 잠재력을 초능력으로 바꾸는 성공 법칙이 담겨 있다.

최강의 인생
데이브 아스프리 지음 | 신솔잎 옮김 | 값 16,000원

잃어버린 아침을 되찾아주는 기적의 모닝 루틴 프로젝트

"잠에서 깬 후 3시간이 당신의 인생을 바꾼다!"

케임브리지대학 연구원 출신의 천재 뇌과학자가 알려주는 똑똑한 아침 시간 사용법

팀 쿡, 제프 베조스, 무라카미 하루키, 팀 페리스… 이들이 이룬 성공 뒤에 숨겨진 비밀, '모닝 루틴'! 이 책의 저자는 잠에서 깬 후 3시간은 인생의 골든타임이라고 말하며, 아침을 잃고 사는 사람들에게 뇌가 최고의 성과를 이루게 만드는 59가지 기적의 아침 습관을 알려준다.

아침의 재발견
모기 겐이치로 지음 | 조해선 옮김 | 양은우 감수 | 값 14,000원

절호의 투자 타이밍을 귀신같이 눈치채는 비결

"돈 센스는 타고나는 것이 아니라, 기르는 것이다!"

급변하는 정세에 흔들리는 '경제 팔랑귀'들에게 팩트 기반의 통찰력을 키워주는 책!

10만 베스트셀러 《월급쟁이 부자들》의 작가이자 경제 분야의 최고 유튜버 상승미소의 신작! 1년 뒤 다가올 경제위기에도 흔들리지 않는 '돈의 감각'을 기르는 연습을 지금부터 이 책과 함께 시작해보자.

돈의 감각
이명로(상승미소) 지음 | 값 16,800원

뇌과학자, 마케터, 경영자들이 추천하는 '신경마케팅' 분야의 독보적인 책!

"인간의 소비심리를 지배하는 뇌과학의 비밀!"

빅데이터도 찾지 못한 뇌 속에 숨겨진 구매욕망과 소비심리의 모든 것!

"고객이 왜 우리 제품을 살까? 어떤 잠재 고객에게 마케팅해야 우리 제품이 더 많은 구매로 이어질까?" 이 책은 이 질문에 정확한 답을 제공한다. 무언가를 팔고 또 누군가의 마음을 얻어야 하는 사람들에게 더없이 유용한 지침서가 될 것이다.

뇌, 욕망의 비밀을 풀다
한스-게오르크 호이젤 지음 | 강영욱, 김신종, 한윤진 옮김
값 18,000원

선택과 책임의 불균형이 가져올 위험한 미래에 대한 경고

"제2의 블랙스완이
다가온다!"

《블랙스완》, 《행운에 속지 마라》, 《안티프래질》을
완결짓는 '월가의 현자' 나심 탈레브 최후의 역작!

2008년 글로벌 금융위기를 예견했던 나심 탈레브가
돌아왔다. 불확실한 세계 경제에 존재하는 19가지
보이지 않는 위기, 선택과 책임의 불균형이 가져올
위험한 미래를 경고하며, 나심 탈레브만의 날카롭고
예리한 시선으로 포착한 극복의 실마리는 무엇인지
전한다.

나심 탈레브 스킨 인 더 게임

나심 니콜라스 탈레브 지음 | 김원호 옮김 | 값 19,800원

5G부터 IoT까지, 초연결 사회를 어떻게 선도할 것인가

"삼성 사장단은 왜 1년 동안
블록체인 특강을 들었는가?"

미래 산업의 게임체인저 블록체인의 모든 것을
총망라한 단 한 권의 책!

구글, 아마존, 삼성 등 아무리 큰 기업이라도 블록체인
플랫폼을 선점하지 못하면 시장의 기회는 없다. 대한
민국 혁신기술 최전선의 실무자들로 구성된 IT 전문
포럼, 커넥팅랩이 알려주는 블록체인 트렌드 2020. 블
록체인 기술과 결합해 시너지가 발생할 여섯 가지의 산
업을 선정해 그 변화를 상세히 소개했다.

블록체인 트렌드 2020

커넥팅랩 지음 | 값 18,000원

10년 연속 트렌드서 1위! 기술이 가져올 사회 변화에 관한 독보적 미래 예측!

세계적인 미래연구기구 '밀레니엄 프로젝트'의 2020 대전망!

2020년, 블루오션이 될 기술로 미래를 선점하라!

블록체인과 인공지능, 5G, 자율주행, 유전자 편집가위 등 향후 10~15간 50조 달러 이상의 비즈니스 가치와 부를 창출할 기술들이 눈앞에 펼쳐지고 있다. 전 세계 4,500명 미래학자들의 지식이 집약된 이 책을 통해 혁신의 최전선을 달리는 글로벌 기업들의 움직임을 살펴봄으로써 미래의 비즈니스 기회를 발견할 수 있다.

세계미래보고서 2020
박영숙·제롬 글렌 지음 | 이희령 옮김 | 값 16,500원

누가 5G 패권 전쟁의 승자가 될 것인가

IT 트렌드서 절대 강자 커넥팅랩, 《모바일 미래보고서》로 새로 탄생하다!

초超시대를 선도하는 국가만이 혁신 기술을 무기로 하는 미래 전쟁에 참여할 수 있다!

지난 6년간 트렌드 1위 《모바일 트렌드》를 발간한 커넥팅랩은 《모바일 미래보고서》로 재탄생하며 기술의 나열에만 그치지 않고, 5G를 둘러싼 IT 국내외 정세와 향후 미래 산업의 전망 등을 치밀하게 다뤘다. 이를 통해 미중 무역 전쟁의 핵심 이슈와 트렌드는 물론, IT 기술의 발전 양상까지 한눈에 살펴볼 수 있다.

모바일 미래보고서 2020
커넥팅랩 지음 | 값 16,800원

년이 1학년 앞에서 꼰대짓을 한다. 이것은 물리적 나이의 문제가 아니라 서열화된 집단에서 발생하는 문제다. 그런 점을 생각했을 때 집단주의라면 어디 가서 빠지지 않을 펭귄인 펭수가 이런 문제에 나서는 것은 자연스럽다. 만일 펭수가 사람 캐릭터였다면 거침없이 권위에 도전하지 못했을 것이고 꼰대를 꼰대라고 면전에서 지적하지 못했을 것이다.

사실 펭귄은 독립적 개체로서는 생존하는 데 불리하다. 날개가 있지만 작고 납작한 데다 딱딱해서 날기에는 역부족이다. 짧은 날개는 수영할 때 물고기의 지느러미처럼 쓰거나, 펭귄끼리 싸울 때 쓰는 게 전부다. 또한 펭귄은 뒤뚱뒤뚱 걷는다. 추위를 견디기 위해 몸에 지방을 축적시켜 두기 때문에 날렵하지 못하다. 일반적으로 펭귄의 다리가 아주 짧다고 오해하지만, 사실 펭귄의 다리 길이는 몸길이의 절반 정도로 생각보다 길다. 다만 다리뼈가 몸 안으로 접힌 상태라 짧아 보일 뿐이다. 엑스레이로 찍어 보면 다리뼈가 90도 가까이 접혀 있다. 빙판 위를 주로 다니다 보니 긴 다리가 불편했고, 다리를 접어 몸의 무게중심을 낮춰 미끄러지지 않도록 진화한 것이다. 하지만 이런 특성이 물 밖에서 펭귄을 느리고 약한 존재로 만들었다. 과거에 '사람이 펭귄을 사냥하는 데는 몽둥이만 있어도 된다'는 말이 있었을 정도다.

사정이 이렇다 보니 펭귄은 무리 지어서 스스로를 보호해야 했다. 그런데 펭수는 무리를 이탈했다. 아이돌이 되겠다는 일념 하나로 집단생활에서 벗어나 독립한 것이다. 뽀로로도 패티라는 펭귄 친구를 비롯해 곰, 비버, 공룡, 사막여우 등 동물 친구들이 많다. 〈꼬마펭귄 핑구〉는 펭귄 가족의 에피소드다. 등장인물도 아빠 펭귄, 엄마 펭귄, 동생 펭귄, 물개 친구들이다. 하지만 펭수는 인간 사회에 홀로 떨어진 펭귄이자 동물이다. 집단생활을 하는 펭귄이 자발적 고립을 선택한, 유일무이한 상황 설정이다.

EBS 소품실에서 살고 있는 펭수는 주거 환경 또한 불안정하다. 하지만 목표를 위해 노력하는 끈기가 있고, 무리에서 벗어나 혼자 고립된 독립생활을 받아들일 만큼 자아도 강하고 주체성도 있다. 펭귄이지만 사람과도 잘 어울리고, 사교성도 좋고, 결정적으로 한국어 구사 능력이 토종 한국인급이다. 이런 것으로 추정하건대 펭수는 언어 능력과 지능이 뛰어나고, 의지도 강하다. 성공에 대한 열정도 크다. 이런 펭수 앞에 낙하산이나 취업 청탁, 부정 입시 같이 끈끈한 연대가 만든 한국 사회의 인맥주의 문제가 드러난다면 어찌 단호히 비판하고 저항하지 않겠는가(펭수도 남극에 살 때 집단생활을 하면서 끈끈한 연대의 폐해를 많이 겪어 봤을 것이다. 그런데 한국에 오고 나서 그런 문제를 더 많이 체감했을 것이고, 그 상황에서 적극 저항하다 보니 우리에게는 안티 꼰대의 대표 주자로 부각되었다).

우리 사회는 가족과 직장에 대한 연대 의식이 너무 강하다. 가

부장적 가족관, 종신 고용의 직장관을 가진 이들이 기성세대 중에는 많다. 하지만 지금은 역대 최저 혼인율을 기록할 정도로 결혼이 필수가 아니라 선택인 시대가 되었다. 종신 고용이나 평생직장이란 말도 사라지고 있다. 가족과 직장 모두 느슨한 연대로의 전환이 무엇보다 중요해졌다. 이를 위해 우리가 가진 가족과 직장에 대한 고정관념부터 버려야 한다. 가족이라고 하면 습관적으로 아빠와 엄마, 두 자녀로 구성된 4인 가구를 떠올리는 사람들이 아직 많이 있

종신 고용이나 평생직장이라는 말이 사라지고, 결혼이 선택이 된 시대에는 직장과 가족 모두 '느슨한 연대'로의 전환이 중요하다.

다. 과연 그렇게 구성된 가족만이 온전한 가족일까? 아이 없는 커플도 가족이고, 동성 커플도 가족이고, 싱글맘끼리 한데 모여 살아도 가족이다. 2인 이하의 가구가 전체 가구의 과반수가 넘는 시대다. 가족에 대한 고정관념에서 벗어날 필요가 있다. 그런데 우리 정부는 아직 이런 시각에서는 구시대적이다. 동성 결혼은 2000년 네덜란드에서 세계 최초로 허용했고, 2003년 벨기에, 2005년 캐나다·스페인, 2006년 남아프리카공화국, 2009년 노르웨이·스웨덴, 2010년 아르헨티나·아이슬란드·포르투갈, 2012년 덴마크, 2013년 브라질·영국·프랑스·뉴질랜드·우루과이, 2014년 룩셈부르크·스코틀랜드, 2015년 핀란드·아일랜드·미국, 2016년 콜롬비아·그린란드, 2017년 오스트레일리아·몰타·독일, 2019년 오스트리아·타이완 등 현재까지 총 28개국에서 허용했다. 이 중에는 소위 선진국이라고 불리는 나라들이 많다. 이들이 그렇다고 우리나라도 동성 결혼을 허용해야 한다는 이야기가 아니다. 적어도 소수자에 대한 포용과 다름에 대한 관용, 그리고 이 문제가 인권 문제라는 점을 생각해 볼 필요가 있다는 뜻이다.

보건복지부가 공식 유튜브 채널을 통해 펭수의 가족사진이라며 그림 한 장을 펭수에게 보냈는데 이 사진을 본 펭수는 반가워하지 않았다. 사진 속에는 펭귄 네 마리가 있는데, 가운데 펭수를 중심으로 양옆에 아빠로 추정되는 수염이 거뭇하게 난 펭귄과 엄

표4 동성 결혼 합법화 국가

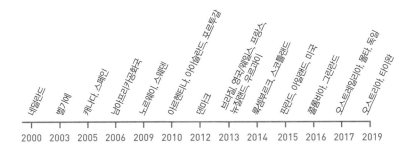

네덜란드	벨기에	캐나다, 스페인	남아프리카공화국	노르웨이, 스웨덴	아르헨티나, 아이슬란드, 포르투갈	덴마크	브라질, 영국(잉글랜드·웨일스), 프랑스 뉴질랜드, 우루과이	룩셈부르크, 스코틀랜드	핀란드, 아일랜드, 미국	콜롬비아, 그린란드	오스트레일리아, 몰타, 독일	오스트리아, 타이완
2000	2003	2005	2006	2009	2010	2012	2013	2014	2015	2016	2017	2019

마로 추정되는 파마 머리의 펭귄 그리고 공갈 젖꼭지를 물고 있는 아기(동생) 펭귄이 있다. 너무나도 전형적인 관념에 따른 가족사진이다. 이것을 보고 펭수는 "저 동생 없는데요."라고 답하며 보건복지부가 가진 가족에 대한 관념을 거부했다. 펭수가 남극에 있는 엄마, 아빠를 그리워한다는 것은 직접 밝혔지만 그의 엄마, 아빠의 성별도 펭수와 마찬가지로 밝혀지지 않았다. 가족 구성원을 넷으로 봐야 안정적, 혹은 정상적이라고 생각하는 관점 자체가 사실 비정상이기도 하다. 펭수가 다른 동물이 아니라 펭귄이라서 이 문제를 풀어 가는 과정이 좀 더 자연스러울 수 있다. 펭귄은 직립보행을 하는 데다 털 색깔이 마치 턱시도를 입은 듯해서 사람의 모습을 연상시킨다. 의인화하기 좋은 이미지여서 펭귄을 통해 인간 사회를 이야기하기에 안성맞춤이다.

남극에서 온 펭귄과 서스테이너블

기후변화와 지구 온난화는 펭귄에게도 위기다. 빙하가 녹으면서 그들이 번식하고 살아갈 터전이 부족해졌기 때문이다. 북극에 사는 북극곰 역시 마찬가지 상황이다. 얼음 위에서 살아가는 그들에게 얼음이 녹는다는 것은 가혹한 일이다. 아울러 펭귄의 주요 먹이인 크릴새우가 줄어드는 것도 해수 온도 상승으로 빙하가 녹는 것과 연관된다. 고래와 물개 잡는 것이 금지된 후, 사람들은 크릴새우를 잡기 시작했는데 이것이 펭귄 먹이의 절대적 감소로 이어졌다.

남극 출신으로 펭수는 기후변화 문제를 외면할 수 없다. 한 인터뷰에서 도전해 보고 싶은 콘텐츠가 무엇인지 묻는 질문에 펭수는 '지구 온난화를 막거나 고향 남극에 도움이 되는 콘텐츠'라고 밝힌 바 있고, 권위에 대한 저항, 관성에 대한 거부 같이 그동안 보였던 세계관에 비춰 보면 앞으로 펭수가 기후변화 문제에 적극적으로 나설 가능성은 충분하다. 그리고 기후변화 문제는 Z세대의 공감대를 이끌어 내기에도 유리하다.

《타임》이 선정한 2019년 올해의 인물은 2003년생인 스웨덴 환경 운동가 그레타 툰베리Greta Thunberg다. 툰베리는 2018년 8월부터 매주 금요일마다 등교하는 대신 스웨덴 의회 앞에서 탄소배출량 감축을 요구하는 1인 시위를 벌여 기후변화에 대응을 촉구하는

10대의 상징처럼 부각되었다. 그리고 이것이 전 세계로 퍼져 수
많은 나라에서 청소년들이 수업을 거부하고 시위를 벌였다. 그레
타 툰베리에게 영향을 받아 2018년 여름부터 촉발된 청소년들의
기후변화 대응 시위는 2019년까지 이어졌고 2020년에도 계속될
것이다. Z세대이자 지금의 10대가 가장 민감하게 받아들이는 것
중 하나가 기후변화 문제다. 이들은 기후와 환경 문제를 일으켜 놓
고 책임감 없이 다음 세대에 떠넘기는 기성세대에게 저항하고 있다.

2015년 12월, 전 세계 195개국이 파리에서 유엔기후변화협약

© Per Grunditz by Shutterstock

2003년생인 스웨덴 환경 운동가 그레타 툰베리는 2018년 8월부터 매주 금요일마다 의회 앞에서
탄소배출량 감축을 주장하는 1인 시위를 벌였다.

당사국총회협정을 체결했다. 이를 파리기후변화협정(혹은 파리협정)이라고도 부르는데 온실가스 배출량을 단계적으로 감축하기로 한 협정이다. 세계가 기후변화 대응에 실패하면 전 세계적으로 생물 다양성이 붕괴되어 식량 생산과 물 공급에 문제가 생기고, 결국 빈곤층이 먼저 타격을 입기 시작해 서민, 중산층 순으로 피해를 받는다. 국가적으로도 가난한 국가가 타격을 더 크게 받는다. 미세먼지나 이상기후도 심각한데, 향후에 더 극단적인 상황이 초래되면 인명 피해도 엄청날 것이다. 이것을 해결하자고 전 세계 정부가 협약한 것이 파리협정이다.

하지만 안타깝게도 국제 협약은 만들어졌지만 구체적 실행은 유기적으로 이루어지지 않고 있다. 이해관계가 걸려 있는 기업의 눈치를 보는 것인지, 상황의 심각성에 비해 너무 소극적이다. 결정적으로 도널드 트럼프는 미국 대통령에 당선되자마자 파리협정 탈퇴를 선언했다. 사실 파리협정은 버락 오바마 전 대통령이 주도해서 체결한 협정이다. 미국의 파리협정 탈퇴를 미국의 산업계, 특히 제조업계는 반기기도 했다. 기업 입장에서는 협정을 이행하느라 생산성 감소나 비용 지출이 많아지는 것을 꺼리는 경향이 크다. 현재 여러 나라가 파리협정 탈퇴를 언급하거나 정책이 부재한 상태다. 한국을 비롯해 온실가스 배출량 10위 이내의 국가들은 대부분 협약 이행에 소극적이다.

2019년 5월, 오스트레일리아 국립기후복원센터가 기후변화 시나리오를 담은 정책보고서를 발간했다. 이 보고서에 따르면 2050년이 되면 지구 육지의 35퍼센트, 인구의 55퍼센트가 인간의 생존이 불가능한 수준의 치명적 폭염에 1년 중 20일 이상 노출될 것이라고 한다. 특히 서아프리카, 남미 열대 지방, 중동, 동남아시아 등에서는 1년에 100일 이상 노출될 것으로 예상된다. 이렇게 열대 지방에 사는 10억 명의 사람들이 기후 난민이 될 것이다. 그뿐만 아니라 주요 식량 생산 지역에서 곡물 수확량의 5분의 1 감소, 식량의 영양 성분 감소, 곤충 개체 수의 파국적 감소, 사막화, 만성적 물 부족 등이 발생해 식량 가격 급등에 따른 식량 전쟁도 벌어질 것이다. 세계 지표면의 30퍼센트 이상에서 건조 지대가 형성되며, 특히 남아프리카, 지중해 남부, 서아시아, 중동, 오스트레일리아 내륙, 미국 남서부 전역 등에서 극심한 사막화가 일어날 것이다. 또 다른 한쪽에서는 침수가 발생할 것이다. 메콩강, 갠지스강, 나일강 등의 하류 지역이 침수되고 뭄바이, 톈진, 홍콩, 호치민, 상하이, 방콕, 마닐라 등 세계적인 인구 밀집 도시가 사람들이 살 수 없는 곳으로 변하는 경우가 늘어날 것이다.

설마 이럴까 싶겠지만 이미 알래스카에서는 빙하가 녹아 홍수가 일어났고 남극 대륙에서는 멕시코 면적에 해당되는 얼음이 녹아내렸다. 대서양의 해류 속도가 150년간 15~20퍼센트 정도 느려졌다는 연구 결과가 《네이처》에 발표되기도 했다. 지구 온난화로 염분이 없거나 염분 농도가 낮은 빙하가 녹아 바다의 표층수를 형성하면서 표층수와 심층수의 뒤섞임이 약해져 해류 흐름이 느려지고, 이것이 폭염에 영향을 준다는 것이다. 유럽은 여름철 40도가 넘는 날이 많아졌고 우리나라도 한여름에는 40도를 넘기 시작했다. 지난 70년간 태풍 속도가 10퍼센트 정도 느려졌다는 연구도 《네이처》에 발표된 바 있는데 태풍 속도가 느려지면 더 오래 태풍의 영향권에 들어 더 많은 피해를 입는다는 것이다.

남극 출신인 펭수가 남극 대륙의 빙하가 녹아내리는 문제를 외면할 수는 없다.

빙하가 녹아 발생하는 기후 문제는 생각지도 못한 곳에서도 드러난다. 산호초 생태계와 아마존의 우림 지대, 북극 등에서도 생태계가 붕괴된다. 결국 이런 상황이 반복되고 심화되면 기후 난민이 발생하고 정치적으로도 심각한 공황 상태가 된다. 식량과 식수를 둘러싼 국가 간 갈등과 전쟁의 위협도 커진다. 단지 북극의 얼음이 녹고 북극곰의 터전이 사라지는 정도의 문제가 아니다. 인류의 심각한 위협이 되는 것이 바로 기후변화 문제다.

지금 우리 시대는 젠더리스와 젠더 뉴트럴, 느슨한 연대, 기후변화 문제와 지속가능성을 적극 이야기하고 있다. 이런 트렌드 이슈와 펭귄은 직간접적으로 연결된다. 실존 인물처럼 사회적 관계를 맺으며 성장하는 캐릭터를 구상하는 데 있어서 펭귄이란 설정은 여러모로 효과적이다.

PART 2

펭수 세대

: 밀레니얼 세대가 응답하다

CHAPTER 3

펭수는
왜
유튜버가
되려 했을까?

PENGSOO SYNDROME

지상파의 위기 속에서 탄생한 새로운 스타

펭수가 유튜브 크리에이터를 지향하는 데는 여러 이유가 있다. 가장 핵심 이유는 EBS 스스로도 인식하고 있는, 지상파 방송의 한계 때문이다. 지상파 방송이라는 미디어 플랫폼의 한계 속에 EBS는 창사 이래 최대 위기를 겪고 있다. EBS의 방송 사업 매출은 2009년 959억 원, 2010년 1,142억 원, 2011년 1,255억 원, 2012년 1,534억 원, 2013년 1,632억 원, 2014년 1,699억 원, 2015년 1,714억 원으로 매년 증가했지만 이후부터는 2016년 1,673억 원, 2017년 1,636억 원, 2018년 1,656억 원으로 정체 중이다. 더 심각한 것은 영업이익인데 2016년 -19억 원, 2017년 -350억 원, 2018년 -229억 원으로 3년 연속 적자를 보이며 그 규모도 200~300억 원을 넘을 정도로 크다. 지상파 방송이 그동안 시도했던 성공 방식으로는 위기를 돌파할 방법을 찾을 수 없다. 그렇기에 새로운 시도를 통해서 변화를 모색하는 것이 절박한 과제다.

사실 이것은 EBS만의 문제가 아니라 지상파 방송 전체의 문제다. 한국방송통신위원회의 〈2018년도 방송시장 경쟁상황 평가〉

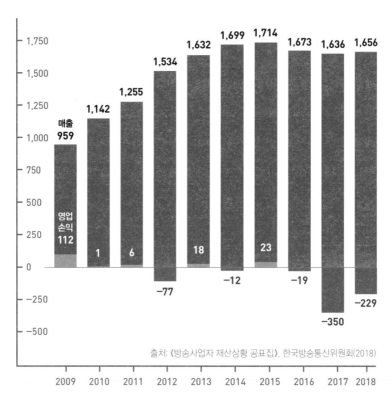

표5 연도별 EBS 방송 사업 매출 및 영업손익 현황

단위: 억 원

출처: 《방송사업자 재산상황 공표집》, 한국방송통신위원회(2018)

보고서에 따르면, TV 부문 방송 사업 매출액이 KBS가 2014년 1조 4,507억 원에서 2017년 1조 3,815억 원으로, MBC(괄호 안은 본사만 집계 시)가 2014년 1조 273억 원(7,459억 원)에서 2017년 8,325억 원(6,203억 원), SBS가 2014년 7,345억 원에서 2017년 6,636억 원으로 줄었다. 주요 지상파 방송의 방송 사업 매출 하락세가 두드러진다.

그중에서도 EBS는 교육방송이자 공영방송이라는 특성 때문에 방송 사업과 광고 수주에서 제약이 존재한다. 그렇기에 지상파 방송 광고 시장의 감소를 비롯해 지상파 방송이 가진 위상과 사업성이 점점 떨어지는 상황에서 이를 극복할 대안을 마련할 필요가 절실했다. 지상파 방송과 유튜브 채널의 결합은 고민의 여지가 없는 선택지였고 〈자이언트 펭TV〉는 바로 그 시도의 일환이었다. 〈자이언트 펭TV〉는 우연히 나온 프로그램이 아니다. 수익성을 위해 계산하고 의도한 프로그램이다.

그동안 EBS는 종종 캐릭터 비즈니스로 성과를 내곤 했다. 그중 대표적인 것이 뽀로로다. 뽀로로는 2003년부터 EBS에서 방송되며 초등학생들의 대통령으로 불렸고, 120여 개 국가에 수출되었지만 정작 EBS는 큰 수익을 거두지 못했다. 저작권의 지분을 뽀로로를 기획한 아이코닉스(27퍼센트), 제작사인 오콘(27퍼센트), SK브로드밴드(20퍼센트), EBS(26퍼센트)가 나눠 가졌다. 사실상 EBS

는 콘텐츠를 송출한 플랫폼 역할만 했다. 그리고 캐릭터 라이선스를 활용해서 제품을 만들고 파는 기업들이 직접적 이익을 가져갔고 라이선스 업체는 상대적으로 적은 수익을 가졌다. 뽀로로가 이룬 성공과 대외적인 브랜드 가치, 시장 창출 성과를 고스란히 수익으로 보상받는 것이 아니다 보니 성공의 이면에서 EBS는 오히려 상대적 박탈감을 느꼈을 수도 있다. 하지만 뽀로로와 달리 펭수는 EBS가 전적으로 기획하고 만들어 낸 캐릭터이고 콘텐츠다. 펭수가 창출하는 캐릭터 비즈니스의 수익을 EBS가 전적으로 가질 수 있고 펭수 비즈니스의 주도권도 가질 수 있다.

펭수가 유튜브 크리에이터로만 존재했다면 지금 같은 성공을 거두지 못했을 것이다. 지상파와 유튜브를 결합해, 서로의 장점을 활용하고 시너지를 극대화했기 때문에 가능했던 성공이다. 지상파이자 교육방송이란 제약 아래에서는 시도할 수 없었던 콘텐츠도 유튜브에서는 가능했다. 기존 TV 프로그램 중에도 유튜브를 비롯한 타 플랫폼과의 결합을 시도하는 경우가 많지만 대부분은 TV가 중심이다. 하지만 〈자이언트 펭TV〉는 유튜브가 중심이다. 일주일에 한 번씩 10분 분량으로 축약하고 재편집한 내용을 TV에서 방송하지만 유튜브에선 훨씬 더 많은 콘텐츠가 업로드된다. EBS가 가진 제약 때문에 TV에서 모든 유튜브 콘텐츠를 그대로 내보낼 수가 없다. 반대로 생각해 보면 유튜브를 통해 제약받지 않고 더 자유롭게 콘텐츠를 만들고 있는 것이다. 그리고 유튜브 채널을 지상파를 통해 지속적으로 홍보하고, 지상파에서 다루지 않은 추가적인 콘텐츠도 계속 만들어 내면서 유튜브 채널 유입률을 늘렸다. 결정적으로 '이육대'와 '펭수쇼'를 통해 지상파 채널에서 펭수 캐릭터를 전폭적으로 띄우는 데 성공했다. 만약 펭수가 유튜브에서만 활동했더라면 파괴력이 훨씬 적었을 것이다.

EBS는 스타가 필요했다. 펭수는 처음부터 거침없이 할 말을 하는 캐릭터로 설정되었다. 이러한 캐릭터는 지금 시대가 원하는 스타상이기도 하다. 펭수는 처음부터 EBS의 비즈니스를 위해 계획된 캐릭터이자 콘텐츠이고 그들이 필요로 했던 스타다. EBS 키즈 콘텐츠 카테고리의 프로그램은 제작진이 한두 명의 PD와 한두 명의 작가로 구성된 경우가 많고 프로그램에 따라서는 홈페이지에 제작진 구성이나 이름을 따로 표기하지 않기도 한다. 하지만 〈자이언트 펭TV〉는 다른 방송과 비교할 수 없을 정도로 제작진이 많이 투입된 점에서도 EBS가 적극적으로 밀고 있는 콘텐츠라는 것을 알 수 있다. 〈자이언트 펭TV〉는 TV와 모바일, 오프라인과 온라인을 넘나드는 어린이 교양 예능을 지향하는데 어린이뿐 아니라 2030세대가 펭수에 꽂히면서 EBS의 기대보다 훨씬 더 비중 있는 프로그램이 되었다.

스타는 우호적인 여론을 이끄는 데 유리하다. EBS는 공영방송

표6 가구당 월 TV 수신료 배분 현황　단위 : 원

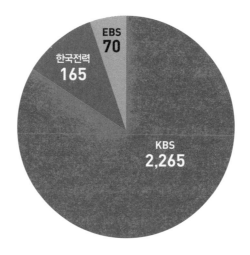

으로서 예산의 30퍼센트 정도는 공적 재원(수신료, 방송발전기금, 특별교부금 등)으로 조달하고, 70퍼센트 정도는 상업적 재원(교재 출판, 방송 광고, 뉴미디어 사업 등)으로 조달한다. 공적 재원 중 수신료(시청료)는 KBS와 나누는데, 국민들에게 부과되는 월 2,500원 중 KBS에 90.6퍼센트가 책정된 데 반해서 EBS에는 2.8퍼센트가 돌아간다. 수신료 중 6.6퍼센트는 징수를 담당하는 한국전력의 위탁수수료다. 2,500원 중 겨우 70원이 EBS로 가는 셈이다. 이에 따라 EBS는 영국, 일본, 프랑스에서는 교육문화 채널에 배정되는 수신료의 비율이 평균 22퍼센트라며 이를 현실화해 줄 것을 계속 요구

해 왔다. 펭수가 인기를 얻고 나서 펭수도 수신료 현실화 문제를
적극 이야기하기도 했고, 청와대 국민청원에 EBS 수신료 인상에
대한 국민들의 청원까지 제기되었다. KBS 수신료는 폐지하자면서
EBS 수신료는 늘려 주자는 국민 여론이 만들어진 것도 펭수 효과
라고 할 수 있다.

초등학생의 장래희망이 유튜버인 시대

펭수가 유튜브 크리에이터를 표방한 또 다른 중요한 이유는 초등
학생의 관심사 때문이다. 〈자이언트 펭TV〉가 초등학교 고학년생
(5~6학년)을 타깃으로 시작했기 때문에 초기 기획 단계에서 가장
많이 고려되었을 요소가 '어떻게 하면 초등학교 고학년생의 관심
사를 반영하고 펭수를 그들의 스타로 만들어 낼 것인가'였을 것이
다. 여기서 살펴볼 정보가 바로 초등학생의 장래희망에서 유튜버
가 가진 위상이다.

교육부와 한국직업능력개발원이 2019년 12월 발표한 〈2019년
초·중등 진로교육 현황조사〉 보고서를 살펴보면 초등학생 희망
직업 순위 중 유튜버(크리에이터)가 3위를 차지한다. 2018년 조사
에서 5위를 기록하며 처음 10위권에 진입한 이후 1년 만에 장래

희망 부동의 강자인 의사를 제친 것이다. 2007~2012년까지만 해도 연예인이 초등학생 장래희망의 상위권이었다면, 지금은 막연한 연예인 대신 좀 더 구체화된 목표인 가수가 상위권에 올라오고 유튜버가 인기 직업으로서 급부상하고 있다. 연예인을 꿈꾸던 이들이 유튜버로 옮겨 갔다고 해도 과언이 아니다. 연예인과 유튜버는 TV와 유튜브라는 미디어 기반만 바뀌었을 뿐 콘텐츠를 만들고 자신을 드러내는 엔터테이너로서의 역할은 비슷하다. 차이가 있다면 유튜버가 더 적극적이고 자기주도적으로 활동한다는 점뿐이다. 가수라는 직업에서는 아이돌 그룹과 힙합 래퍼들이 큰 비중을 차지하고 있음을 추정할 수 있는데, 특히 힙합이 비주류에서 주류로 옮겨 오고 래퍼가 큰돈을 버는 시대가 되면서 이들을 직업으로 인식하는 경향이 커졌다. 프로게이머도 지속적으로 상위권에 포진된 것으로 봐서 초등학생에게는 확실한 직업으로 인식되고 있음을 알 수 있다.

부모들의 입김이 작용한 장래 희망으로 대표적인 직종이 의사, 법조인, 교수 등인데 여기서도 시대상이 반영되고 있다. 의사는 2007년 2위에서 2019년 4위로 내려왔지만 지난 10여 년간 지속적으로 3~4위권을 유지하고 있다. 법조인은 소폭 하락하긴 했어도 여전히 10위 안에 있다. 반면 교수는 10위는커녕 20위 권 밖으로 밀려난 지 오래다.

표7 초등학생(6학년) 희망 직업 주요 연도별 순위

	2007	2012	2016	2017	2018	2019
1	교사	운동선수	교사	교사	운동선수	운동선수
2	의사	교사	운동선수	운동선수	교사	교사
3	연예인	의사	의사	의사	의사	유튜버 (크리에이터)
4	운동선수	연예인	요리사	요리사	요리사	의사
5	교수	교수	경찰	경찰	유튜버	요리사
6	법조인 (판검사, 변호사)	요리사	법조인	가수	경찰	프로게이머
7	경찰	법조인	가수	법조인	법조인	경찰
8	요리사	경찰	제과·제빵사	프로게이머	가수	법조인 (법률전문가)
9	패션 디자이너	패션 디자이너	과학자	제빵사	프로게이머	가수
10	프로게이머	제빵사	프로게이머	과학자	제과·제빵사	뷰티 디자이너

출처: 〈초·중등 진로교육 현황조사〉, 교육부·한국직업능력개발원(2019)

표8 중학생(3학년) 희망 직업 주요 연도별 순위

	2007	2012	2016	2017	2018	2019
1	교사	교사	교사	교사	교사	교사
2	의사	의사	경찰	경찰	경찰	의사
3	연예인	연예인	의사	의사	의사	경찰
4	법조인 (판검사, 변호사)	요리사	운동선수	운동선수	운동선수	운동선수
5	공무원	교수	군인	요리사	요리사	뷰티 디자이너
6	교수	경찰	요리사	군인	뷰티 디자이너	요리사
7	경찰	운동선수	생명·자연 과학자 (연구원)	공무원	군인	군인
8	요리사	공무원	정보시스템·보안 전문가	건축가	공무원	공무원
9	패션 디자이너	법조인	가수	간호사	연주가, 작곡가	컴퓨터공학자, 소프트웨어 개발자
10	운동선수	회사원	공무원	승무원	컴퓨터공학자, 소프트웨어 개발자	간호사

출처: 〈초·중등 진로교육 현황조사〉, 교육부·한국직업능력개발원(2019)

2012년부터 2019년까지 초등학생 사이에서 교사와 운동선수가 부동의 1, 2위를 유지하고 있다. 교사는 초등학생에게 가장 직접적이고 밀접하게 영향을 미치는 직업이기 때문에 장래희망에서 상위 순위를 차지한다. 중학교에 가면 교사라는 직업에 대한 관심은 더 높아지고 운동선수에 대해서는 낮아진다. 운동선수라는 직업을 갖는 것이 현실적으로 어렵다는 것을 인식하기 때문이다. 고등학교에 가면 희망 직업에서 운동선수는 10위 안에 들지 못한다 (2019년 기준 17위). 연예인이나 가수도 마찬가지인데 아예 집계 순위인 20위 안에도 들지 못한다. 의사도 한때는 10위 안에 들었지만 계속 하락하다가 2015년 11위, 그 후 잠시 10위 안에 들었다가 2019년 다시 11위가 되었다. 교수와 법조인은 20위 안에도 들지 못한다. 직업에 대한 현실적인 가능성을 고려했기 때문이라고 볼 수 있다. 초등학생은 아직 막연하거나 거창한 꿈을 가진다면, 상위 학교로 올라갈수록 입시 교육과 대학 진학의 현실 속에서 직업에 대한 꿈조차도 현실적으로 조정되는 셈이다. 의지와 능력은 다를 수 있지만, 꿈소차도 현실적으로 변해 가는 것이 안타깝다.

초등학생과 중학생의 희망 직업에서 가장 큰 차이는 군인과 공무원이다. 초등학생에게는 군인과 공무원이 10위 안에 들지 않지만 중학생 사이에서는 두 직업 모두 지속적으로 10위권을 지키고 있다. 연령대별 정보의 차이와 희망 직업에 대한 구체적 관심사의 차이가 반영된 결과라고 할 수 있다.

희망 직업을 선택한 이유는 초·중·고등학생 모두 '자신이 좋아하고 잘할 수 있는 일이어서(초 72.5퍼센트, 중 69.7퍼센트, 고 69퍼센트)'가 압도적이다. 희망 직업을 알게 된 경로로 초등학생은 부모님, 대중매체, 책, 학교 선생님, 친구 순서이고, 중·고등학생은 대중매체, 부모님, 학교 선생님, 웹사이트, 책 순서다. 초등학생들로선 부모가 권하는 돈 잘 벌고 사회적 지위가 있는 직업(의사, 법조인)과, 대중매체에서 부각되는 인기인들의 직업(운동선수, 요리사, 가수, 프로게이머, 유튜버)을 선호하기 쉽다. 먹방, 쿡방이 TV에서 유행하던 시기에 요리사에 대한 관심이 커지고, 〈슈퍼스타 K〉, 〈프로듀스 101〉이나 〈쇼미더머니〉, 〈고등래퍼〉 같은 오디션 프로그램이 인기 있던 시기에는 가수에 대한 관심이 커지는 식이다.

초등학생 사이에서 가수와 아이돌에 대한 관심이 기본적으로 커져 있는 상태에서 펭수가 아이돌 연습생을 표방하며 등장한 것이나, 글로벌 스타가 된 BTS를 거론하며 자신도 글로벌 스타가 되겠다고 호언하는 것도 의도된 전략이라 할 수 있다. 시대적 분위기와 트렌드에 편승하는 전략이다. 여기에 이미 초등학생들의 대통령으로 불리는 유튜브 크리에이터 허팝(구독자 351만 명)이나 도티(구독자 252만 명) 등이 초등학생에게 직업으로서의 유튜버라는 인상을 강력하게 심어 줬고 인기 유튜버의 수입이 의사, 법조인, 운동선수 등 고액 연봉을 받는 직업들을 능가할 정도라는 점이 알려지면서 부모마저 아이들이 유튜버의 꿈을 갖는 것을 반대하지 않게 되었다. 그런 점에서 펭수의 인기는 초등학생들에게 유튜버를 직업으로 더 강력하게 인식하게 만드는 계기가 되고 있다.

학생들은 물론 교사들의 인식도 변하고 있다. 이제 교육부는 교사 유튜버를 허용하고 심지어 장려하기까지 한다. 2019년 5월 기준으로 1,000명 정도의 교사가 유튜버로 활동하고 있다. 교사 유튜버 중 가장 유명한 인물은 초등학교 교사 5년차인 이현지 선

초등학생 사이에서 가수와 아이돌에 대한 관심이 기본적으로 커져 있는 상태에서, 펭수가 BTS를 거론하며 자신도 글로벌 스타가 되겠다고 호언하는 것도 의도된 전략이다.

생님인데, 유튜브 구독자 수가 30만 명이 넘는다. 유튜브에서 '달지'라는 닉네임으로 활동하는 래퍼다. 선생님이 힙합을 하니 학생들도 좋아한다. 이런 것이 세대 간의 진짜 소통일 것이다.

교사는 법적으로 겸직 금지다. 그런데 유튜버로 돈을 버는 순간 겸직 금지 규정에 위배된다. 이런 상황에서 교육부는 왜 교사 유튜버는 겸직 금지 예외 조항으로 처리했을까? 유튜브에 학생들이 있기 때문이다. 1020세대가 가장 좋아하고 즐겨 보는 매체가 유튜브다. 기성세대가 TV를 보는 것과 달리 그들은 유튜브를 보며 가장 많은 시간을 보낸다. 학생들이 노는 곳에 선생님이 있는 것이 당연하지 않겠는가. 교육부는 지금 시대에 맞는 판단을 했다. 만약 과거의 관점으로 '어디 선생님이 그런 데서 경박하게 웃고 떠드느냐'며 유튜버 활동을 금지했으면 어땠을까? 우리의 판단력은 늘 지금 시대에 맞게 계속 진화해야 한다.

《포브스》는 매년 12월에 1년간(전년도 6월 1일부터 당해 6월 1일까지) 가장 많은 수입을 거둔 유튜버 순위를 발표한다. 2019년에 1위를 차지한 사람은 여덟 살의 라이언 카지Ryan Kaji로 2,600만 달러의 수입을 거두었다. 우리 돈으로 300억 원 정도다. 카지는 2018년에도 1위(2,200만 달러)였다. 카지의 유튜브 채널 〈Ryan's World〉는 구독자 수가 2,320만 명(2019년 12월 말 기준)을 넘고 5년간 누적 조회 수가 350억 회를 넘는다. 카지의 인기 영상 중에는

2019년 가장 많은 수입을 거둔 유튜버는 여덟 살의 라이언 카지였다. 사진은 카지가 광고하는 장난감.

조회 수 10억 회가 넘는 것도 있다. 전 세계에서 가장 영향력 있는 유튜버 중 한 명이자 가장 광고 수입을 많이 올리는 유튜버가 여덟 살이라는 사실이 놀랍다. 더 놀라운 것은 유튜브가 어린이 유튜버에게 광고 제약을 두기 시작했음에도 1위를 했다는 점이다. 이뿐만 아니라 러시아의 다섯 살 아나스타샤 라드진스카야Anastasia Radzinskaya가 1,800만 달러로 3위를 차지했다. 전 세계에서 가장 많은 수입을 올린 유튜버 세 명 중 두 명이 열 살도 안 된 어린이였다.

국내에서도 유튜브 광고 수익 상위 20위 중 어린이 · 유아용 콘텐츠가 절반 정도 된다. 그중 〈보람튜브〉는 구독자 수가 2,250만 명이 넘는다. 이런 상황에서 펭수가 유튜브 크리에이터를 지향하는 것은 당연한 일이다. 물론 지금은 펭수가 기획되고 등장한 시기와는 유튜브 정책에 변화가 있다. 2019년 9월, 미국연방거래위원회FTC가 아동 온라인 사생활 보호법COPPA에 의거해 유튜브에 '불법적으로 13세 미만 어린이들의 데이터를 수집한 혐의'와 '성인을 위해 제작되거나 위험한 콘텐츠를 어린이들에게 제공한 혐의'로 약 1억 7,000만 달러(약 2,050억 원)의 벌금을 부과한 이후, 유튜브는 어린이가 등장하거나 아동용 콘텐트를 제공하는 유튜브 방송에 개인 맞춤 광고를 게재할 수 없게 했다. 어린이 유튜버들의 상업적 활동에 제약이 생겼다. 하지만 유튜브가 이런 선택을 한 것은 어린이 시장을 포기하지 않기 위해서다. 문제가 되는 점을 걸어 내야 비즈니스가 지속 가능해진다. 유튜브에 규제가 자꾸 생기는 것은 유튜브가 더 이상 비주류 온라인 미디어가 아니라 지상파 방송을 능가하는 주류 미디어가 되었다는 의미이기도 하다. 그리고 한 가지 짚고 넘어갈 점은 13세 미만이 중요 보호 대상 어린이로 지정되어 규제가 강화되는 것이지, 여전히 13세 이상, 즉 펭수의 초창기 타깃인 초등학교 고학년을 비롯해 펭수 신드롬을 일으킨 2030세대를 위한 콘텐츠에서는 문제가 없다는 것이다.

펭수의 타깃은 전 세계 시청자다

펭수가 유튜브 크리에이터를 지향한 것은 유튜브를 통해 콘텐츠 비즈니스가 세계로 진출하기 수월해진 환경 때문이다. 제2의 뽀로로로 평가받는 핑크퐁은 초기에는 국내에서만 안정적인 수익을 올리고 있었다. 그러다가 2014년부터 유튜브에 채널을 만들어 콘텐츠를 올리기 시작했다. 무료 콘텐츠인 유튜브 채널을 통해 국내용을 넘어 전 세계로 확장을 꾀한 것인데, 결과적으로 대성공을 거뒀다. 핑크퐁의 영문 유튜브 채널 〈Pinkfong! Kids' Songs & Stories〉는 2019년 12월 기준 구독자 수 2,770만 명에 누적 조회 수 115억 회이고, 한글 유튜브 채널은 구독자 수 788만 명에 누적 조회 수 40억 회다. 가장 대표적인 〈상어 가족〉 댄스 영상은 영어 버전이 조회 수 42억 4,000만 회, 한국어 버전이 7억 8,000만 회다. 유튜브 동영상 중 누적 조회 수가 가장 많은 영상 순위(2019년 12월 30일 기준)에서 4위가 〈상어 가족〉 댄스 영상 영어 버전이고, 7위가 싸이의 〈강남스타일〉 뮤직비디오로 34억 8,000만 회다. 전 세계의 모든 유튜브 영상 중 한국의 두 영상이 10위 안에 드는 것인데 이 중 〈상어 가족〉 댄스 영상은 지금 추세로 볼 때 3위까지 추월이 가능해 보인다.

유튜브의 조회 수는 곧 광고 수익으로 이어진다. 핑크퐁 콘텐츠는 유튜브 채널에 4,000건 이상 업로드되었다. 그중 조회 수가 1억 회 이상인 것도 많고 웬만한 콘텐츠는 수백만 회에서 수천만 회씩 조회된다. 유튜브를 통한 노출 효과는 광고 수익을 넘어 핑크퐁 콘텐츠와 캐릭터를 다양한 사업으로 확장하는 배경이 된다. 아마존에서 판매하는 핑크퐁 굿즈는 2017년 대비 2018년 매출액이 24배 정도 증가했고 2019년 상반기에도 전년 동기 대비 8배 정도 증가했다. 〈상어 가족〉은 빌보드 차트에도 오른 동요가 되었고, 메이저리그워싱턴 내셔널스의 응원가로 채택되기도 했다. 월드시리즈에서 관중석 가득 이 노래가 울려 퍼졌는데 그해 워싱턴 내셔널스가 우승했다. 덕분에 〈상어 가족〉은 더 확산되고 사랑받게 되었다. 2019년 10월부터 북미 전역을 투어하는 '상어 가족 라이브 공연'Baby Shark Live 은 전일 매진될 정도다. 켈로그는 핑크퐁과 제휴해 '상어 가족 시리얼'Baby Shark Cereal을 만들었고 다양한 컬래버레이션을 통한 〈상어 가족〉의 라이선스 사업은 2020년에 더욱 확대될 것으로 보인다. 지금 시대에는 콘텐츠 비즈니스가 유튜브라는 플랫폼과 공존하며 시너지를 크게 하는 것이 필수 공식이 되었다.

한국에서 만든 유아용 콘텐츠 중 가장 영향력 높은 것이 〈상어 가족〉이라 해도 과언이 아닐 정도다. 그리고 이 모든 일의 시작은 유튜브다. 만약 핑크퐁을 만든 스마트스터디가 국내에서의 성공

컬래버레이션을 통한 〈상어 가족〉의 다양한 라이선스 사업은 2020년에 더욱
확대될 것으로 보인다. 사진은 미국의 켈로그가 출시한 '상어 가족 시리얼'.

에 안주하고 유튜브를 통한 해외 진출을 하지 않았다면 어땠을까?
스마트스터디에 따르면, 유튜브 시청 데이터 분석 결과 〈핑크퐁〉 채
널 전체 콘텐츠 조회 수 중 87퍼센트가 해외에서 차지하고, 시청 1위
국가는 미국이며, 전 세계 195개국에서 시청한다고 한다. 그리고 핑
크퐁은 100개 이상의 스마트폰 애플리케이션도 만들었는데 누적
다운로드가 2억 회에 이른다. 핑크퐁의 성공은 아직도 진행형이고
그 중심에 유튜브 채널이 있다고 해도 과언이 아니다.

　펭수가 국내용 캐릭터에 머물지 않고 글로벌 시장으로 나가려
면 유튜브 크리에이터로서 확장성이 더 필요하다. 펭수 스스로도

한국어, 펭귄어, 영어, 프랑스어 등 5개 국어를 한다고 밝힌 적 있다. 펭수는 국내에서 거둔 성공을 바탕으로 2020년 본격적인 해외 시장 진출에 나설 것이다.

최근 중국 CCTV에서 펭수 인기 현상과 경제적 가치를 정식 뉴스로 보도했고, 대만에서도 취재를 하고 세계화 시동이 걸리고 있다. 〈자이언트 펭TV〉 구독자 200만 되는 시점에 외신기자들을 불러서 정식으로 간담회를 하겠다.

2019년 연말에 EBS 김명중 사장이 위와 같이 밝힌 것처럼 이제는 BTS처럼 글로벌 스타가 되고 싶다는 펭수의 포부가 허언이 아니라 EBS 제작진이 가진 궁극의 목표가 되었다. 그리고 글로벌 스타를 지향하는 펭수가 새로운 수익 모델을 만들어 내는 데 유튜브는 최적의 플랫폼이다. 펭수가 유튜브 크리에이터를 지향한 것은 지상파 방송이 처한 위기와 유튜브가 맞이한 기회 모두를 고려한 시대적 선택이다. 유튜브 크리에이터가 막강한 영향력을 가지고 상업적으로 만들어 내는 가치도 상상 이상인 시대에 펭수가 다른 직업을 선택했다면 오히려 의아했을 것이다. 펭수는 EBS만의 구원투수가 아니다. 지상파 방송이 더 다양하고 과감하게 콘텐츠를 확장하고 새로운 비즈니스를 시도하게 만드는 계기가 되어 준다. 펭수의 성공은 누군가에는 동기 부여가 되었겠지만 누군가에게는 상대적 박탈감을 안겨 줬을 수 있다. 방송국 PD들이 "왜 너희는 펭수 같은 콘텐츠를 못 만드니?" 하는 상사의 잔소리를 수없이 들었을 것이기 때문이다.

CHAPTER 4

펭수는
어떻게
안티 꼰대의
대표 주자가
되었을까

PENGSOO SYNDROME

"잔소리하지 마세요. 제가 알아서 하겠습니다"

펭수는 2030 직장인들의 전폭적인 지지를 받는다. 이로 인해 직장인의 대통령(직통령)으로도 불린다. 펭수가 그저 유명하다는 것만 아는 50, 60대 이상의 기성세대는 '아, 요즘 젊은 세대는 펭귄을 좋아하는구나'라고 생각할지도 모르겠다. 하지만 펭수는 귀여운 펭귄이라서 신드롬을 일으킬 만큼 유명해진 것이 아니다. 펭수가 가진 인기의 핵심은 펭수의 세계관에 있다.

그중에서 가장 영향력 높은 첫 번째 화두가 '안티 꼰대'였다. 2018년부터 한국 사회는 밀레니얼 세대를 중심으로 꼰대 논쟁이 활발했다. 2019년이 되어서도 꼰대 논쟁은 줄어들 줄 몰랐다. 세대 갈등과 세대 차이에 대한 관심도 계속 뜨거웠다. 그런 상황에서 펭수가 이 문제를 건드린 것이다.

2019년 9월은 펭수에게 중요한 기점이다. 펭수 신드롬은 9월 이전과 이후로 나뉘기 때문이다. EBS는 2019년 9월 19, 20일 양일간 2부로 나눠 EBS의 역대 캐릭터들이 출연하는 '이육대'를 방송했다. MBC의 히트 콘텐츠인 〈아이돌 육상선수권 대회〉(이하 〈아육대〉)를 패러디한 것이다. MBC는 2010년 9월 추석에 맞춰 제1회 〈아육대〉를 방송했다. 인기 아이돌 가수들을 모아서 스포츠 대결을 펼치게 한 것으로, 최고 시청률 15.3퍼센트(닐슨코리아)를 기록하며 일회성 이벤트가 아니라 매년 명절마다 방송되는 고정 프로그램이 되었다. 이후 매년 10퍼센트대의 시청률을 기록했는데, 지금은 소폭 하락했지만 2020년 설에도 편성되었을 정도로 10년간 인기를 유지하고 있다. 이러한 〈아육대〉의 포맷을 '이육대'로 재현한 EBS 기획은 꽤 성공적이었다.

시합은 인간 팀과 비인간 팀으로 나눠 대본 없이 각자 캐릭터에 충실하게 진행했다. 육상 개인전, 양궁, 축구 승부차기, 풍선 터트리기, 계주 등의 스포츠 시합 중 입사 연도를 따지고, 나이에 대해 민감한 반응을 보이는 캐릭터들의 모습을 보여주며 꼰대 문화를 풍자했다. 그뿐만 아니라 온갖 반칙과 B급 유머가 캐릭터들의 대사와 자막을 통해 쏟아져 나왔다. 가령 펭수를 응원하는 플래카드가 화면에 잡혔을 때 "펭수 이겨라! 반칙도 기술이다. 저녁은 지옥에서 먹자."라는 문장이 쓰여 있었다. 그동안 EBS에서 보지 못했던 스타일의 콘텐츠였고, '교육적' 코드를 배제하고 만든 예능이어서 어른이 되어 버린 그 시절의 어린이들마저도 흥미를 갖게 만들었다(누구나 EBS가 만든 어린이 캐릭터에 열광했던 시기가 있다. 2003년 등장한 뽀로로는 초등학생의 대통령으로 한국 사회를 뒤흔들었고, 2000년에 등장한 방귀대장 뿡뿡이나 번개맨, 1996년 〈딩동댕 유치원〉에 처음 등장한 뚝딱이도 한때 어린이들의 아이돌이었다). 과거 추억 속에서만 존재했던 캐릭터들을 다시 현실로 불러내 '이육대'를 기획한 이가 〈자이언트 펭TV〉를 연출하는 이슬예나 PD다.

사실 '이육대'를 가장 주목하게 만든 것은 '서열'이다. EBS 역대 캐릭터의 데뷔 연도를 기준으로 선후배를 정하는, 지극히 한국적인 발상을 통해 꼰대 논쟁을 끄집어낸 것이다. 이것이 2030세대가 펭수에게 관심을 갖게 된 계기 중 하나다. 어린이들의 이야기가 아니라, 바로 자신들이 직장에서 겪고 있는 선후배 간 갈등을 연상시켰기 때문이다.

'이육대' 이후 펭수의 인기가 급상승하자 〈자이언트 펭TV〉에는 또 다른 재미있는 콘텐츠가 업로드됐다. EBS 옥상에서 펭수와 뚝딱이가 대화하는 콘텐츠인데, 1994년에 데뷔한 뚝딱이가 2019년에 등장한 펭수에게 '다 너 잘되라고 하는 이야기'라며 잔소리를 꺼내려 하자, 펭수는 "제가 알아서 하겠습니다. 잔소리하지 마세요."라고 당당히 이야기한다. 그동안 한국 사회에서는 선배의 꼰대 같은 잔소리에 대놓고 그만하라고 이야기하는 후배는 볼 수 없었다. 그것도 선배가 잔소리를 시작하려는 시점에서 말이다. 잔소리가 4절까지 간 것도 아니고, 술자리에서 나온 이야기도 아닌데 펭수는 '잔소리 그만하라'고 당당하게 이야기한다. EBS 캐릭터계의 대선배인 뚝딱이가 '요즘 애들은 인사도 잘 안 한다'며 펭수가 인사할 때 고개 숙이는 각도에 대해 이야기했을 때도 '펭귄은 살이 쪄서 고개가 안 숙여진다'며 바로 대꾸했다. 그동안 후배들이 선배들을 대했던 것과는 확실히 다른 모습이었다.

EBS는 왜 이런 콘텐츠를 만들었을까? 왜 선배 캐릭터가 후배 캐릭터에 소위 '꼰대질'하는 상황을 콘텐츠로 만들었을까? 2019년 한국의 히트 상품 중 하나가 《90년생이 온다》였고, 이 외에도 밀레니얼 세대와 Z세대를 다루는 책이 쏟아졌다. 기업마다 세대 갈등을 조직문화의 쟁점으로 인식하고, 어떻게 밀레니얼 세대와 조화를 이루어 일할 것인가를 중요 과제로 삼기도 했다. 세대 차이와 세대 공감을 주제로 하는 기업 강연 수요 또한 2018년부터 서서히 증가해 2019년에 정점을 맞았다. 2020년에도 그 흐름은 이어질 것이다. 아울러 조직 내에서 4050세대 선배들이 '꼰대'로 불리는 상황을 아주 불편해하며 이를 극복하기 위해서 2030세대를 더 이해하기 위해 노력하기 시작했다. 반대로 2030세대에게 4050세대를 이해시키는 콘텐츠를 만들려는 움직임도 있었다. 확실히 직장

간단함, 병맛, 솔직함으로
기업의 흥망성쇠를 좌우하는

90년생이 온다

임홍택 지음

문재인 대통령이
청와대 전 직원에게 선물한 책

"새로운 세대를 맞아야 미래를 준비할 수 있다."

브런치북
프로젝트
수상작

whale books

2019년 한국의 히트 상품 중 하나가 《90년생이
온다》였고, 이 외에도 밀레니얼 세대와 Z세대
를 다루는 책이 쏟아졌다.

문화에서 꼰대가 민감한 이슈로 자리 잡았고, 이를 둘러싼 세대 간
갈등이 꽤 크게 부각되었다는 증거다.

2019년 9월에는 〈자이언트 펭TV〉에 재밌는 콘텐츠가 하나
더 올라왔다. '이육대' 직전에 만든 추석 콘텐츠 중 '난 서울대 안
갈 건데ㅎ 어른들에게 반박해 보았다 – 명절 잔소리 반대 시위' 에
피소드가 있다. 이 에피소드에서는 다섯 명의 초등학생 게스트들
이 '명절에 듣기 싫은 잔소리 Top 6'를 선정해 이야기를 나누었
다. '비교는 싫어요', '자기는 안 그러면서 왜 저희한테만 그러시나
요', '짜증 난다', '진짜 화나요'라는 목소리를 듣고 거리로 나가

명절 잔소리를 없애자는 캠페인을 벌였다. 흥미로운 점은 아이들 뿐 아니라 2030세대까지도 명절 잔소리를 없애자는 데 적극 지지를 보냈다는 것이다. 그리고 펭수는 그 목소리를 대변했다. 원래 펭수는 초등학생들이 좋아하는 프로그램 〈톡! 톡! 보니하니〉의 10분짜리 코너 '자이언트 펭 TV'에 출연하던 캐릭터로, 초등학생을 겨냥해 만든 펭수에게 처음부터 2030세대가 열광한 것은 아니었다. 오히려 존재조차 모르는 사람이 훨씬 많았다. 2030세대에게 존재감을 드러낸 것은 이와 같이 꼰대 논쟁을 다루는 콘텐츠들이 본격적으로 업로드되기 시작한 2019년 9월부터였다.

펭수는 꼰대 논쟁에 숟가락을 얹은 것일까?

꼰대 논쟁은 한두 해 논란이 되다 사라질 이슈가 아니다. 한국 사회에서 계속 방치되며 누적되어 온 문제이기에 한 번은 제대로 풀고 넘어가야 할 숙제다. 펭수가 꼰대 논쟁을 촉발한 것은 아니지만, 시대적으로 이슈였던 꼰대 논쟁이 더 부각되는 계기를 만들었다.

2019년 3월에 등장한 펭수는 10개월여 만인 2020년 1월, 구독자 수 200만 명을 돌파했다. 유튜브 채널 개설 초반 5개월 동안 2만여 명에 불과했던 구독자 증가세가 이후 5개월 동안에 100배

급증했다. 그 기점이 2019년 9월이고, 꼰대 논쟁을 통한 2030세대의 관심 유발이 단기간 폭발적인 성공을 이루는 데 티핑 포인트가 되었다. 시대가 많이 달라졌다고는 하지만 여전히 한국 사회는 윗사람에게 할 말 다 하면서 살 수 있는 사회가 아니다. 펭수의 행동 방향은 이렇듯 위계 관계에 억눌린 한국인들의 욕망과 부조리에 저항하려는 사회문화 트렌드에 맞물려 있다. 다시 말해 펭수는 2030세대의 관심과 지지를 받을 가능성을 지닌, 시대가 선택한 캐릭터였다. 단순히 인형 탈 쓴 캐릭터가 아니라 살아 있는 존재가 될 수 있었던 것도 이 덕분이다.

꼰대 문제는 직장인만의 이야기가 아니다. 우리 사회의 구성원이 전체적으로 겪는 공통 이슈다. 한국 사회가 나이로 서열과 권력을 구분하는 사회라서 그렇다. 어떤 말이 유행할 때는 단지 언어적인 이슈로만 끝나지 않는다. 언어는 사고를 지배하고, 사고는 시대정신으로 연결되기 때문이다. 즉 '안티 꼰대'는 2019년을 대표하는 시대정신이다. 이 안티 꼰대 정신은 잠시 스쳐 가는 유행이 아니라 트렌드가 되었으며, 패러다임으로 진화해 문화로 자리 잡을 가능성이 크다. 안티 꼰대는 과거의 관성에 대한 저항이자 반격이다. 기성세대식 미덕과 성공 방식을 뒤집는, 새로운 세대와 새로운 시대의 솔직한 목소리기 때문이다. 꼰대는 나이의 문제가 아니다. 나이가 많다고 다 꼰대인 것도 아니고 나이가 어리다고 꼰대가 아닌 것도 아니다. 겨우 10대 초반인 초등학생 사이에서도 꼰대와 꼰대질이 존재한다.

꼰대는 갑자기 등장한 개념이 아니다. 시대를 막론하고 늘 있었다. 과거 거친 청소년들이 은어로 사용하던 '꼰대'라는 말이 지금은 대중에게 자연스럽게 녹아들어 보편적 단어가 되어 버렸다. 사회적 진화다. 우리 사회가 이 문제에 대해 공론화하고 지적하는 사회가 되었다는 의미기도 하다. 그런 점에서 꼰대 논쟁이 활발해진 것은 긍정적인 변화로 볼 수 있다. 솔직히 지금보다 과거에는 꼰대가 더 많았지만 그것을 문제 삼지도 않았고, 문제라고 여기는 것이 오히려 문제가 될 정도로 불가침의 영역이었다. 그동안 한국 사회에서 나이는 곧 권력이었다.

'문제 삼지 않으면 문제가 아니다'라는 정서는 갈등을 해결하지 않고 덮어 버린다. 아예 서로 외면하고, 관계가 단절된다. 그나마 관계가 연결되어 있어야 갈등도 생기고, 해결 가능성도 생긴다. 관계가 단절되면 갈등도 없겠지만 문제도 영원히 해결되지 않는다. 세대 갈등과 꼰대 문제 역시 사회적으로 확산될수록 이를 해결할 가능성도 커진다. 그런 점에서 꼰대 논쟁의 건강한 확산은 반드시 필요하다. 서로 다른 세대 간에 싸움을 부추기는 게 핵심이 아니라 나이 서열화가 주는 폐해를 해결하는 것이 핵심이다.

한국인들은 나이가 어리고 지위가 낮다는 이유로 부당한 일을 참고 넘어가는 경우가 많다. 부당한 걸 알면서도 '아랫사람이니까 당해야지'라고 생각하고 사는 게 마음 아프다. 삼강오륜의 장유유서는 어른과 아이 사이에 질서가 있어야 한다는 말이지 어른이 무조건 옳다는 말이 아니다.

이는 JTBC 〈비정상회담〉에서 미국 출신의 방송인 타일러 라시Tyler Rasch가 한 말이다. 한국 사회는 나이가 곧 권력인 사회다. 나이를 무기로 사용하는 사람들이 많다. 나이의 많고 적음과 상관없이 모든 사람은 동등하다. 나이가 많다는 이유로 다른 사람을 함부로 대할 권리는 없다. 그런데 많은 사람들이 나이가 많다고 함부로 반말을 하고, 윗사람인 척한다. 그러면서도 자기가 꼰대로 불리는 것은 극도로 꺼린다.

사실 꼰대는 변화를 두려워하는 사람이다. 그들은 새로운 것을 받아들이기보다 이미 가지고 있는 것의 힘을 더 극대화하려 든다. 그래서 나이와 지위를 유독 강조한다. 우위를 점하려고 내세우는 게 겨우 나이와 지위라는 것은 실력에 자신이 없다는 이야기일 수도 있다. 회사에서도 후배보다 유능한 선배는 절대 지위나 계급으로 밀어붙이지 않고 실력으로 승부한다. 나이는 누구나 시간이 지나면 먹는다. '나이가 많아서 트렌드를 모른다', 혹은 '나이가 많아서 변화를 받아들이기 어렵다'는 말은 옳지 않다. 나이가 많아도 얼마든지 트렌드를 주도하는 트렌드세터가 될 수 있고, 최신 기술이나 변화를 20대 못지않게 받아들이는 사람들도 존재한다. 우린 그동안 나이 핑계를 너무 많이 댔다. 나이가 많다는 것은 배려받고 존중받을 이유가 될 수는 있지만, 그 배려와 존중도 상대의 선택이기에 강요해서는 안 된다. 나이보다 더 우선인 것이 우리 모두가 가진 인격체로서의 동등함이다.

아이러니한 것은 나이가 권력인 사회면서도 나이가 많은 것을 좋아하지 않는다는 점이다. 젊어 보이려고 애쓰고, 나이를 어리게 봐 주면 그렇게 좋아할 수가 없다. 우리가 가진 나이에 대한 이중적 태도다. 한국의 정계에서는 '젊은 피'라는 말을 참 좋아한다. 젊고 새로운 인재가 들어와서 관성에 빠져 있는 조직에 활력이 되기를 바라는 것이다. 낡고 고루한 생각을 가진 기존의 정치 세력을 혁신하지 않고 그저 젊은 피로 '메이크업'만 하려고 든다. 구태 정치를 그대로 둔 채 젊은 인재들을 도구로 쓰는 셈이다. 기업도 마찬가지다. 나이 든 경영진은 젊은 사원들과 함께 밥을 먹고 토론하는 모습을 보이며 자신이 젊고 혁신적인 리더라는 이미지를 만들어 내려고 한다. 한국에서는 정계나 재계나 젊은 피는 늙은 피의 생존을 위한 보조 도구일 뿐이다. 이런 접근을 하는 이유도 결국 늙음에 대한 부정적 이미지를 스스로가 인식하고 있기 때문이다.

늙음 자체가 부정적인 것은 결코 아님에도 우린 늙음과 젊음을 서로 상반된 가치로 본다. 늙음이든 젊음이든 상태를 나타내는 단어일뿐, 우열을 가리거나 좋고 나쁨을 구분할 요소는 아니다.

요즘 기업에서는 '계급장을 뗀다'는 표현을 많이 쓴다. 회사에서 나이, 연차, 기수, 직급 등은 하나의 계급장이다. 상대적으로 나이가 많을수록 계급장은 더 높을 수밖에 없다. 위계 구조 중심이던 한국의 기업들마저도 실리콘밸리의 IT 기업처럼 모든 임직원이 서로의 이름을 부르고 동등한 동료로서 대하려는 시도가 많아졌다. 수평화를 통해 일하는 방식과 조직문화를 바꾸고 싶기 때문이다.

사실 우리의 조직문화는 일본 스타일과 군대 스타일이 섞여 있다. 계장, 과장, 부장, 상무 같은 직급도 일본식 한자다. 공무원의 직급인 주사, 서기 같은 표현도 일본의 영향을 받았다. 전 세계에서 가장 보수적이고 경직된 조직문화를 가진 나라가 일본이라고 해도 과언이 아닌데, 그 영향을 가장 많이 받은 나라가 바로 한국이다. 일본의 잔재가 남은 상태로 군사 독재 정권을 오랫동안 거치면서 군대 문화가 사회 전반에 녹아들었다. 군대에서나 쓸 법한 상명하복이란 말을 기업에서도 썼다. 과잉 의전, 과잉 충성이 조직문화가 되고 보여 주기식 형식주의, 가신들의 파벌 싸움과 사내 정치도 팽배했다. 물론 지금까지 여전히 구습을 유지하는 기업

일본의 잔재가 남은 상태로 군사 독재 정권을 오랫동안 거치면서, 우리 사회에는 위계 구조 중심의 군대식 조직문화가 녹아들었다.

도 많다.

최근 들어 기업마다 가장 중요하게 다루는 문제가 조직문화 혁신이 된 것도 과거의 조직문화가 더 이상 통하지 않기 때문이다. 산업 구조도 바뀌었고, 사람들도 바뀌었다. 더 이상 2030 밀레니얼 세대 직장인들은 상사의 부당한 요구를 참아 주지 않는다. 성희롱에 해당할 법한 부적절한 말을 건네 놓고도 '옛날엔 문제되지 않았는데 시대가 바뀌어 곤란해졌다'며 푸념하는 사람들도 있다. 과거에 사람들이 문제 삼지 않았다고 성희롱이 잘못이 아닌 것은 아니다. 그저 그때는 갑질을 해도 아랫사람은 참을 수밖에 없는 환경이었기 때문에 불쾌감을 드러내지 않은 것뿐이다.

다른 것과 틀린 것은 분명히 구분해야 한다. 서로 다른 세대 간의 시각 차이는 '다름'의 문제지만, 세대나 시대와 상관없이 잘못된 것은 '틀림'으로 지적해야 한다. '세대 갈등'을 나이를 기준으로 나뉘어 생기는 갈등이라고 생각하는 사람들이 많지만, 엄밀히 말하자면 변화된 시대를 살아가는 사람과 그 변화를 따라가지 못하고 거부한 사람 사이의 갈등으로 보는 것이 더 적합하다.

이제는 우리 사회가 '나이'에 대한 변화된 태도를 진지하게 고민할 때다. 더 이상 나이를 과거의 관점으로 봐도 안 되고, 권력으로 여겨서도 안 된다. "나이는 단지 숫자가 아니라 권력이다."라는 말은 하루빨리 과거형이 되어야 한다. 나이와 성별로 만들어진 권력만큼 구시대적인 것도 없기 때문이다.

요즘 애들은 이기적이고, 자기 권리만 주장한다?

한국갤럽이 '어른들은 요즘 젊은이들을 어떻게 보고 있는가'(복수응답)라는 주제로 전국 30세 이상 남녀 1,020명을 조사한 결과, 기성세대는 요즘 젊은이들을 '자기 권리만 주장한다'(86.9퍼센트), '이기적이다'(86.6퍼센트), '예의를 모른다'(79.9퍼센트), '감각적으로 사물을 판단한다'(71퍼센트), '일에 대해 무책임하다'(54.4퍼센트)와 같이 부정적으로 보는 것으로 나타났다. 기성세대 중 요즘 젊은이를 보며 이질감을 느끼는 사람이 85.7퍼센트였는데, 주된 이유로 예의가 없다(24퍼센트), 이기적이다(17퍼센트), 자기주장이 확실하다(10퍼센트) 등을 꼽았다. 당신은 이 조사 결과에 대해 어떻게 생각하는가? 조사 결과대로 요즘 젊은이, 즉 요즘 20대들이 이기적이고 자기 권리만 주장하고 무책임한 사람이라고 느끼는가?

사실 이 여론조사는 1992년에 실시한 결과물로, 1992년 9월 5일 〈동아일보〉에 게재된 기사의 일부다. 요즘 20대가 아니라 당시 20대인 X세대에 대한 기성세대의 시각이다. 이 조사 결과에서 '요즘 젊은이'에 해당하는 사람들은 현재 40대다. 과연 현재의 40대들이 정말 이기적이고 무책임하게 살아왔을까? 물론 아니다. 그것은 기성세대가 새로운 세대를 바라보는 프레임일 뿐이다. 자신들은 옳고 새로운 세대는 틀렸다는, 전형적인 꼰대식 사고다. 1990년대 X세대의 등장은 지금 밀레니얼 세대가 등장한 것만큼 파격적인 일이었고 사회적으로 이슈가 되었다. 그런데 그 X세대가 이제는 기성세대가 되어 과거 기성세대가 자신들에게 부여했던 이미지를 후배에게 그대로 뒤집어씌우고 있다는 것이 아이러니하지 않은가?

기성세대 입장에서는 가장 만만한 후배는 자신들처럼 살아가는 이들이다. 어떻게 살아갈지 뻔히 보이기도 하고, 잘 되어 봤자 선배를 능가하지 못 할 것이라 생각한다. 반대로 가장 두려운 후배는 자신처럼 살지 않는 후배다. 어떻게 살아갈지 예측할 수도 없는 데다 자신을 능가할지도 모른다는 생각에 두렵다. 그러다 보니 선배들이 하지 않는 행동을 하는 새로운 세대는 불편하고 거슬린다. 당연히 이기적으로 보이고, 무책임하다거나 예의가 없다거나 하는 식으로 평가한다. 변화를 받아들이는 사람은 꼰대가 되지 않는다. 자신이 계속 발전하고 진화할 것이기에 후배의 진화가 두렵지 않다. 하지만 변화를 거부하고 과거에만 멈춰 있는 사람은 꼰대가 되기 쉽다. 자신이 가진 현재의 지위와 나이가 가진 힘을 기득권으로 여기고, 이를 위협하는 것에 대해 거부하며 공격하기 쉽다. 꼰대는 사악한 존재가 아니라 그냥 겁 많고 변화에 소극적인 사람일 뿐이다.

한국 사회에서 안티 꼰대가 중요 이슈가 되고 트렌드의 중심이 된 것은 밀레니얼 세대와 Z세대가 강력하게 저항하기 때문이 아니다. 우리 사회의 시대정신이 이제 과거식 위계 구조와 나이 중심 서열화가 만든 폐해를 없애야 한다는 사회적 합의에 이르렀기 때문이다. 우리 사회는 조금씩 끊임없이 진화했다. 꼰대 논쟁도 바로 그 진화의 결과물이다. 펭수가 아닌 다른 캐릭터여도 안티 꼰대 논쟁을 건드리면 충분히 수혜를 입을 수 있는 시대다. 우리는 우리

를 대신할, 유쾌하면서도 당당한 가상의 캐릭터를 원하고 있었던
것이다.

사장 이름을 당당히 부를 수 있는 신입사원이 얼마나 될까?

펭수는 처음부터 EBS 김명중 사장의 이름을 시도 때도 없이 불렀
다. EBS 연습생 신분이자 1년차 직원이 사장에게 공개적으로 밥
을 먹자고 하거나, 구독자에게 줄 선물에 대해 회의하면서 그 선물
을 살 돈을 당당하게 사장에게 청구하는 식이다. 직장인들에게 사
장의 이름은 금기어 중 하나다. 한국적 조직문화에서 조직의 정점
에 있는 사장은 1년차 직원이 쉽게 다가설 수 있는 존재가 아니다.
하지만 펭수는 달랐다. 심지어 남의 회사 사장 이름도 거리낌 없이
부른다. MBC에 가서는 최승호 사장에게 함께 밥 먹자는 이야기를
거침없이 꺼낸다. MBC라디오 〈여성시대〉에 출연해서는 'MBC 사
장이 누구인지 아느냐'는 진행자의 질문에 "모릅니다. 누굽니까?"
하며 반문했고, 최승호 사장이라며 진행자가 알려주자 "아 최승
호, 알아요. 마리텔 나갔을 때 배웠어요."라고 답했다. 남의 회사
사장 이름을 듣기는 했지만 굳이 기억할 필요가 있냐는 식의 답변
이었다. 우린 어딜 가더라도 그 조직의 제일 높은 사람을 인지하려

들거나, 그 높은 권력에 자신도 모르게 순종하는 경향이 있다. 하지만 펭수는 그것을 정면으로 거스른다. "어떤 위치든 상관없이 그냥 펭귄과 사람 이렇게 대하는 겁니다. 똑같아야 됩니다. 어린이든 어른이든 똑같아야 되고요." 펭수의 이 말은 펭수가 가진 세계관을 단적으로 보여 준다. "사장님이 친구 같아야 회사도 잘 됩니다. 눈치 보지 말고 원하는 대로 사세요."라는 어록도 마찬가지다. 괜히 직장인의 대통령이라 불리는 게 아니다.

외교부에 가서도 펭수는 "여기 대빵이 누굽니까?"라며 장관을 찾고, 장관 앞에서도 기죽지 않고 당당하게 행동한다. 일일 보건복지부 장관으로 변신해서는 '우리가 먼저 건강해야 국민들도 건강한 것'이라며 차관을 비롯한 직원들에게 "퇴근해!"를 외치며 정시 퇴근을 요구한다. 펭수는 방송국 사장이든 국가 부처 장관이든, 유명인이든 평범한 직장인이든 동등하게 대한다. 그동안 우리는 사회적 지위, 권력과 돈이 하나의 계급이 되는 사회 속에서 순응하며 살아왔다. 문제가 있어도 '튀는 사람'이 되지 않기 위해 적당히 모른 척했고 무엇이 문제인지조차 모르는 경우도 많았다. 그런데 펭수는 순응하지도, 모른 척하지도 않는다. 이런 펭수의 행동에 2030 직장인들은 카타르시스를 느낀다. 권위주의에 억눌린 감정을 펭수를 통해서 해소하는 셈이다. 누구나 펭수처럼 직장 생활을 할 수 있다면 꼰대 문제를 고민할 필요도 없다. 하지만 실제

2030 직장인들은 펭수와 달리 직장에서 자기 목소리를 제대로 내기 어렵고, 선배에게 저항하면 불이익을 받는 현실에 처해 있다.

구인구직 사이트 사람인에서 2019년 3월, '일과 직장 내 인간관계'에 대해 직장인 379명을 대상으로 조사한 결과에 따르면, 퇴사에 영향을 미치는 요인은 업무 관련 스트레스(28.2퍼센트)보다 인간관계 스트레스(71.8퍼센트)가 압도적으로 컸다. 인간관계 갈등으로 인해 실제로 퇴사나 이직을 경험할 사람도 54.4퍼센트였다.

표9 퇴사에 영향을 미치는 요인　　　　단위:%

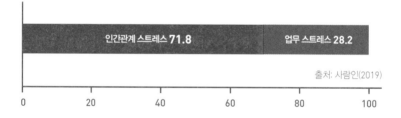

표10 직장 내 인간관계 갈등을 겪는 대상　　　　단위:%

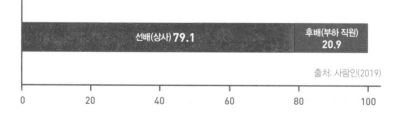

특히 인간관계 갈등에서 선배(상사)와의 갈등(79.1퍼센트)이 후배(부하 직원)와의 갈등(20.9퍼센트)보다 4배 정도 많았다. 선배(상사)와의 갈등 이유(복수 응답)로는 '업무 분장 등에서 자기에게만 유리한 비합리적인 결정이 잦음'(44퍼센트), '자기 경험만을 내세우는 권위적인 태도'(40.4퍼센트) 등이 중요하게 꼽혔다. 확실히 직장에서의 인간관계 문제에서 후배가 상대적 약자일 수밖에 없고, 직접적 당사자가 되는 2030세대는 약자일 확률이 높기에 이 문제를 민

표11 선배(상사)와 갈등을 겪는 이유　　　　　　　　　단위 : % (복수 응답)

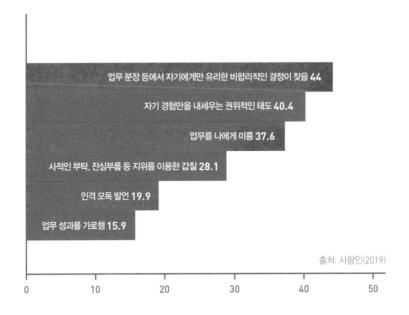

출처 : 사람인(2019)

업무 분장 등에서 자기에게만 유리한 비합리적인 결정이 잦음 **44**
자기 경험만을 내세우는 권위적인 태도 **40.4**
업무를 나에게 미룸 **37.6**
사적인 부탁, 잔심부름 등 지위를 이용한 갑질 **28.1**
인격 모독 발언 **19.9**
업무 성과를 가로챔 **15.9**

감하게 여길 수밖에 없다.

　나이 서열화와 지위에 대한 권위 때문에 우리는 토론이나 질문에도 익숙하지 못하다. 교수의 권위에 눌려 학생은 소극적으로 수업에 참여할 뿐, 수업 내용에 대해 문제 제기나 이론적 반박은 거의 하지 않는다. 대학이든 중·고등학교든 마찬가지다. 교수와 학생이 수업 내용을 두고서 치열하게 논쟁하고 질문할 수 있어야 수업의 질이 높아지고 학생의 학문적 성취도 높아진다. 일방적 수업으로는 시험을 잘 치르는 학생은 만들어 낼 수 있어도, 학문을 연구하는 학생은 만들지 못한다. 이것은 기업에서도 마찬가지다. 상사가 주도하는 회의와 일방적 소통 문화에서는 새로운 도전과 혁신을 이끌어 내는 데 한계가 있다. 요즘 기업들이 수평화된 조직 문화를 만드는 데 적극적인 것도 이런 이유다. 적어도 일할 때만큼은 위아래 개념 없이 모두가 수평적이어야 더 좋은 답을 찾는 데 효과적이다.

　한국 사회의 서열 문화는 아이들에게도 영향을 미쳐서 어린아이들도 상대를 만나면 나이를 묻고 나이가 많고 적음으로 서열을 정해 버린다. 나이 서열만으로 존댓말과 반말이 가려지고, 말이 바뀌면 상대를 대하는 태도와 행동까지 바뀐다. 존중 대신 위계와 상명하복이 자리 잡게 되는 것이다. 우리 사회는 민주화를 거치면서 전반적으로 진보했지만, 나이 서열화와 권위 문제는 방치해 왔다.

'진보를 자처하는 꼰대'라는 아주 모순적인 경우도 많았다. 변화와 혁신을 이야기하면서도 막상 변화와 혁신을 거부하는 이중적 태도는 문제일 수밖에 없다.

왜 이제야 직장 내 세대 갈등이 이슈가 되었을까?

X세대도 과거에는 지금의 밀레니얼 세대만큼 기성세대 관점으로 보면 과감하고 놀라운 변화를 만든 세대였다. 그런데 왜 X세대가 직장에 들어왔을 때는 기성세대와 갈등이 없었을까? 이 질문에 대한 답이 우리가 요즘 이야기하는 직장 내 세대 갈등의 실체를 밝히는 핵심이다. 좀 더 정확히 말하면, 우리 사회의 갈등은 '세대'가 달라서가 아니라 '시대'가 달라서 생겨났다. X세대가 입사하던 1990년대에는 평생직장의 개념이 아직 남아 있었다. 베이비붐 세대가 당연히 여겼던 평생직장 개념에 X세대도 공감했고, 영향을 받았다. 평생직장이 유효하던 시대의 조직문화는 후배가 선배에게 무조건 져 주는 것이었다. 오랫동안 봐야 할 관계다 보니 상하 위계질서가 확실했고 선배의 부당한 지시에도 따를 수밖에 없었다.

하지만 지금은 평생직장의 개념이 사라졌다. 평생직장 시대의 흔적이 X세대에게는 잔상으로나마 남아 있지만, 밀레니얼 세대의 머릿속엔 평생직장이란 말 자체가 들어갈 틈이 없다. 지금은 한 직장에서 평생을 바쳐 일하는 것보다 여러 직장, 여러 직업을 바꿔 가며 일하는 것이 더 당연한 시대다. 밀레니얼 세대는 직장에 들어와서 최대한 빨리 경력을 쌓아 더 좋은 곳으로 옮길 생각을 한다. 직장을 옮겨 다니며 실력을 키워서 스스로의 경쟁력을 높여 가는 것을 이상적으로 여기기 때문이다. 이런 상황에서 밀레니얼 세대가 위계 구조 중심의 조직문화와 일방적 상하 관계를 받아들이기는 어렵다.

밀레니얼 세대 직장인들이 가장 불편하게 여기는 것 중 하나가 회식 문화다. 기성세대는 회식을 통해 업무에서 쌓인 감정을 풀고 단합과 소통을 하려고 하는 반면, 밀레니얼 세대는 평소 사무실에서도 안 되던 소통을 술자리에서 하겠다는 발상 자체를 못마땅해 한다. 게다가 술 취한 상사의 잔소리나 술을 강권하는 행위도 폭력이라 여긴다. 팀장인 기성세대는 '혼냈으니 술을 사 주며 기분을 풀어 줘야지' 혹은 '일하느라 고생했으니 회식으로 풀어야지' 하며 호의로 회식을 권하는 데 반해, 팀원인 밀레니얼 세대는 '혼난 것도 힘든데 저녁 시간까지 붙잡고 더 힘들게 하네', '일하느라 고생했는데 일찍 퇴근시켜 주진 못할망정 술로 괴롭히네'라는 식으로 받아들인다.

이런 문제를 해결하기 위해서는 회식 문화를 바라보는 기성세

기성세대는 회식을 단합과 소통을 다지는 시간이라 여기지만, 밀레니얼 세대는 평소 사무실에서도 안 되던 소통을 술자리에서 하겠다는 발상 자체를 모순이라 생각한다.

대의 시각을 바꿔야 한다. 술자리에서 허심탄회하게 속마음을 터놓고 친해지는 것은 기성세대가 주도하던 시대의 방식이다. 밀레니얼 세대는 술 없이도 즐겁게 놀 줄 안다. 맨정신에도 자신의 속마음을 적극적으로 표현한다. 자기주장도 강하고 의사소통에도 능하다. 굳이 술의 힘을 빌릴 필요도 없을뿐더러, 오히려 술 마시고 진심인 양 주정하는 걸 싫어한다.

2018년 1월, 〈동아일보〉와 블라인드(직장인 익명 소셜네트워크서비스)가 직장인 7,956명을 대상으로 온라인 설문조사를 한 결과에 따르면, '회식 때문에 일상에 어려움을 겪었다'는 응답이 69.8퍼센트에 달했다. 적정한 수준의 회식을 묻는 질문에는 45.7퍼센트가 '저녁 식사로 1차만 하는 것'을, 34.5퍼센트가 '저녁 대신 점심으로 간단히 회식하는 것'을 꼽았다. 대부분의 직장인들이 간단한 회식을 원하고 있었다. '저녁 식사를 겸한 술자리 회식과 함께 노래방까지 가는 회식'을 원하는 응답자는 0.5퍼센트에 불과했다. 이 정도 비율이면 부장만 원한다고 해도 과언이 아니다. 아무도 원하지 않는 술자리를 위해 왜 회삿돈을 써야 하는가? 이러한 회식 문화 역시 일제 강점기의 잔재이자 군대 문화의 일부다. 조직 단합과 소통은 분명 필요하지만 술을 마시며 해야 하는 것은 아니다. 왜 기성세대는 '회식'을 통해 공감과 소통을 하려는 걸까? 평소의 소통 부재나 수직적 위계 구조 속 일방적이며 상명하복식 소통에 익숙한 사람들이 과거의 관성처럼 회식 효과에 기대기 때문은 아닐까? 앞으로는 구시대적 회식 문화는 사라질 수도 있다. 애자일과 수평화를 비롯해 조직문화 혁신이 모든 기업의 미션이 된 요즘, 기성세대도 회식에 대해 다시 생각해야 한다. 엄밀히 말하면 우리에게 필요한 소통은 업무를 통한 소통이자 상호 협업과 팀플레이를 위한 소통이다. 단순한 유흥이나 친목 도모가 필요한 것이 아니다.

직장 내 갈등이 '세대'가 아니라 '시대'의 문제라는 것은 회식 문화에서뿐만 아니라 성 인지 감수성 문제에서도 그대로 드러난다. 만약 당신의 여자 후배가 짧은 치마를 입고 출근을 했다. 어떤 말을 건네면 좋을까? 당신은 그동안 이런 상황에서 어떤 말을 건넸는가?

① ○○ 씨, 오늘 저녁에 약속 있나 봐요?
② 오~ ○○ 씨, 다리 섹시한데?
③ 거, 출근하는 데 예의를 좀 갖춥시다.
④ 아무 말도 하지 않는다.

짐작했겠지만 답은 ④번이다. 외모에 대한 칭찬을 통해 분위기를 좋게 만든다는 말도 안 되는 발상을 여전히 가지고 있는 사람들이 있는데, 칭찬이든 비판이든 외모에 대한 평가는 해서는 안 된다. 후배는 당신에게 외모를 평가받으려고 차려입은 것이 아니다. 그러니 후배가 뭘 입었건 아무 말도 하지 않는 것이 옳다. 입장을 바꿔 보면 명확해진다. 당신이 늘 외모를 평가받고 지적당하고, 그것 때문에 불이익을 당하거나 누군가의 눈요깃거리로 전락한다면 어떻겠는가? 혹시 '과거에는 이런 발언이 아무런 문제가 안 되었는데 요즘 젊은이들은 까탈스럽다'고 생각하는가? 평생직장이란 굴레와 상하 관계가 견고하던 한국식 조직문화 탓에 이런 문제가 외부로 표출되지 않았을 뿐이지 과거라고 해서 그런 발언이 잘 못이 아니었던 것은 아니다. 밀레니얼 세대가 부당함을 참지 않는 것은 그들이 정의로워서도, 버릇이 없어서도 아니다. 성차별이나 갑질을 하면 안 된다는 사실이 지금 시대에는 지극히 당연한 상식 이 되어서다. '직장 내 괴롭힘 금지법'이 만들어지게 된 것도, 괴롭 히는 선배를 처벌하기 위해서가 아니라 괴롭힘 문화를 사라지게 하기 위한 시대적 움직임이다.

비정상을 정상으로 되돌리는 작업이 조직문화 혁신이다. 우린 퇴근 앞에 '칼', '정시'를 붙여서 칼퇴근, 정시 퇴근 같은 말을 쓴 다. 정시에 하는 퇴근 자체가 힘드니 앞에 뭘 갖다 붙여서 그 의미 를 강조하는 셈인데, 퇴근은 그냥 퇴근일 뿐이다. 출근과 퇴근은 지극히 당연한 권리이자 보장된 계약이다. 휴가도 마찬가지다. 한 국의 직장인들은 평균 연차 부여 일수가 2주일 정도 되지만 실제 로 사용하는 휴가 일수는 평균 1주일 정도에 불과하다. 휴가를 반 납하고 일하는 것을 미덕으로 여긴 과거의 조직문화 탓이다. 만성 적 야근도 마찬가지다. 수시로 야근을 해서 노동 시간이 길어지다 보니 반대로 일과 시간에는 느슨하게 풀어진다. 노동 시간 대비 생 산성이 크게 떨어지는 이유다. 하지만 지금은 산업적 변화를 통해 기업의 비즈니스 구조가 크게 바뀌었고, 모든 기업이 조직문화 혁 신에 사활을 건 시대다. 수평화를 통해 일하는 방식을 바꾸겠다는 것인데, 이것은 조직에서 나이 든 직원을 괴롭히려는 의도가 아니라 일을 더 잘하는 사람을 우대하겠다는 의미이자, 능력 위주의 역할 구조를 만들겠다는 의미다.

위계 구조와 역할 구조는 다르다. 위계 구조에서는 직급이 높은 사람이 더 힘이 세고 발언권이 많지만, 역할 구조에서는 직급이 낮아도 역할 전문성을 인정하기에 모두의 발언이 존중된다. 디자인 시안이 디자인팀에서 최종 결정되어 임원에게 보고되는 과정에서 디자인 분야 비전문가인 임원이 자기 취향을 이유로 디자인 시안을 부정적으로 이야기하면, 위계 구조에서는 그 시안은 폐기하고 다시 만들어야 한다. 하지만 역할 구조에서는 비전문가인 임원의 의견은 여러 의견 중 하나일 뿐이다. 이런 차이가 일의 결과에 큰 차이를 만들어 낼 수 있다. 위계 구조에서는 모든 성과가 최고위층의 책임자들에게 집중되어 실무는 후배가 했어도 공과는 선배에게 돌아간다. 하지만 역할 구조에서는 각 역할별 성과를 투명하게 평가한다. 이미 주요 대기업은 직급의 단계를 줄여 의사 결정 단계를 줄이고, 수평에 가깝도록 바꿨다. LG CNS는 연봉 평가에서 호봉제를 없애고 실력 중심의 기술·역량 평가로 바꿨다. 사원도 유능하면 부장보다 높은 연봉을 받을 수 있다. SK그룹은 상무, 전무, 부사장 같은 임원 직급을 다 임원 하나로 통칭하고, 현대차그룹도 조직의 직급 단계를 축소했다. 워라밸Working and Life

Balance이나 주 52시간 근무제가 도입된 배경도 결국은 좀 더 효율적인 조직문화를 만들기 위해서다.

과거의 조직문화 중에서 지킬 건 지켜야 하지만 버릴 건 과감히 버려야 한다. 서로 다른 시대를 살아온 사람들 사이에 차이가 있는 것이 정상이다. 다만 차이 자체가 갈등의 원인이 되어서는 안 된다. 조직 내에서는 세대 간 간극 때문에 싸우는 것이 아니라 세대 간의 간극을 해결하기 위해 싸워야 한다. 사람 대 사람, 세대 대 세대로 나뉘어 서로 싸우고 혐오하는 것이 아니라 관성과 부당함 앞에 한목소리로 저항하고 진화의 방향을 찾으려고 노력해야 한다. 펭수는 바로 이 메시지에 대해 적극적으로 이야기하는 캐릭터이며, 기성세대 중에도 이런 펭수를 지지하는 이들은 꽤 많다. '기성세대 = 꼰대'라는 편견에 대한 반증인 셈이다. 나이 탓으로 돌리는 핑계가 제일 비겁하다. 기성세대와 밀레니얼 세대는 서로 다른 시대에 태어났고 자랐지만, 2020년을 함께 살아가고 있다.

펭수는 열 살이지만 성인이다

안티 꼰대는 분명 속 시원한 사이다 캐릭터를 만들기에 더할 나위 없는 주제지만, 오히려 이 주제를 불편하게 여기는 사람들도 많다.

예능 캐릭터가 무겁고 진지한 주제를 이야기하는 데에는 한계가 있다. 펭수가 스무 살이었다면 안티 꼰대를 이야기하기가 부담스러웠을 것이다. 그런 점에서 열 살 펭귄이라는 설정은 효과적이다. 분명 어른의 말투, 어른의 생각을 가진 듯 보이지만 펭수는 스스로를 열 살로 규정하고 있기 때문에 설령 그의 발언에서 논쟁이 생기더라도 "애가 하는 말인데 뭐 그렇게 따지려 드니, 그냥 재미있게 받아들여." 혹은 "펭귄이 하는 말인데 그냥 그러려니 해." 하며 출구를 만들어 낼 수 있다. 열 살이면 아직 사회적 질서를 모두 체득할 나이는 아니다. 똑같은 말과 행동을 하더라도 성인에 비해 용납될 수 있는 범위가 크다.

물리적인 기준으로 보면 펭수의 열 살은 사람의 열 살과는 다르다. 펭귄의 수명은 사람보다 짧기 때문이다. 야생 상태에서 20년 정도 사는 펭귄의 열 살은 인간으로 따지면 중위 연령 정도다. 2019년 기준 한국의 중위 연령은 43.1세다. 사람 나이로 치면 펭수는 40대라고 할 수 있다. 펭수가 SBS에 갔을 때 벽에 걸린 드라마 〈파리의 연인〉 포스터를 보고 "오 빠리~" 하며 아는 체를 했는데, 열 살짜리가 2004년 방영한 드라마를 알고 있다는 설정이 재미있게 다가왔다. 2019년 기준 열 살이려면 2009년 출생자다. 태어나기도 전의 드라마를 알고 있는 것은 여느 열 살 어린이와 다른 점이다. 〈자이언트 펭TV〉에서 2019년 10월 15일에 업로드한

'펭수의 진짜 나이는 몇 살? 펭귄극장 EP2-내 나이가 어때서' 편을 보면, 소품실에서 자신의 헤드셋을 찾다가 "어디로 갔나, 어디로 갔나."라는 가사를 흥얼거렸다. 이건 1992~1995년에 MBC 코미디 프로그램 〈웃으면 복이 와요〉에서 방송되면서 유행한 노래다. 이 노래를 알고, 흥얼거리는 펭수가 정말 2009년생이 맞는 걸까? 이 에피소드에서 펭수가 좋아하는 노래는 2006년의 히트송이었던 거북이의 〈비행기〉, 좋아하는 소설은 《삼국지》, 쉬는 시간이나 촬영이 없을 때는 하는 일은 '참치 먹고 오락'이라고 답했다. 중년 남자들의 필독서 같은 《삼국지》를 언급했다는 점도, '게임'이라는 표현 대신 '오락'이라는 표현을 썼다는 점도 전혀 아이답지 않은 부분이다.

때론 열 살 아이와도 어울리고, 때론 중년의 어른과도 어울릴 수 있는 게 열 살 펭귄이 가진 놀라운 나이 확장성이다. 아이들을 겨냥한다고 아이들 이야기만 할 필요가 없다는 것을 제작진은 알고 있었다. 그리고 2019년 9월에 펭수가 티핑 포인트를 맞으면서 10월부터 본격적으로 펭수의 나이 확장을 통해 여러 세대와 계층을 아우르는 데 신경을 쓰기 시작했다.

물론 2018~2019년에 뉴트로 열풍이 이어졌기 때문에 자신이 태어난 시점보다 훨씬 과거의 상품이나 콘텐츠에 관심을 갖는다고 해서 무조건 나이를 먹었다고 단정할 수는 없다. 가장 대표적인 것이 '빠다코코낫'이다. 펭수는 자신이 좋아하는 간식이 '빠다코코낫'이라고 대답했는데, 빠다코코낫은 1979년에 출시되어 지금까지도 판매되는 중장년층이 주로 선호하는 과자다. 하지만 이것만 갖고 펭수를 중장년 코드라고 오해하면 안 된다. 사실 빠다코코낫은 1020세대 코드다.

2018년에 빠다코코낫 사이에 팥 앙금과 버터를 넣어서 샌드위치처럼 만들어 먹는 '앙빠'가 인기였다. 당시 고급 제과점을 중심으로 '앙버터빵'이 유행 중이었는데 롯데제과에서 빠다코코낫으로 이 앙버터빵과 유사한 디저트를 만드는 방법을 개발한 것이다. 롯데제과는 IBM의 인공지능AI 왓슨을 도입해 개발한 트렌드

펭수가 좋아하는 간식이 빠다코코낫이라고 밝힌 것은, '앙빠'로 핫해진 빠다코코낫이 뉴트로 감성에 맞는 과자라는 것을 펭수와 제작진이 알고 있었기 때문이다.

예측 시스템 엘시아LCIA : Lotte Confectionery Intelligence Advisor를 2018년부터 제품 개발에 활용하고 있다. 식품과 관련한 수천만 건의 소셜 미디어 데이터를 수집해 소비자 선호도를 분석하고 날씨, 연령, 지역별 소비 패턴을 도출해 제품 개발과 마케팅에 적용하는 방식이다. 이런 과정을 통해 젊은 층 사이에서 인기가 급상승하던 앙버터를 발견했고 포장지에 앙빠 레시피를 넣어 마케팅한 것이 대성공을 거뒀다. 앙버터의 유행과 뉴트로 열풍, 여기에 인공지능 시스템 활용이 결합되며 오래된 과자인 빠다코코낫을 소위 핫한 과자로 만들어 버린 것이다. 이는 중장년층의 과자로 인식되던 빠다코코낫을 1020세대까지도 소비하는 과자로 만든 계기가 되었다. 펭수가 좋아하는 간식이 빠다코코낫이라고 밝힌 것은 10대부터 50대까지 폭넓게 아우르겠다는 의미다. 우연히 빠다코코낫을 고른 게 아니라 앙빠로 핫해진 빠다코코낫이 뉴트로 감성에 맞는 과자라는 사실을 염두에 두었기 때문이다. 이런 점에서 펭수는, 아니 펭수 제작진은 영리하고 치밀하다.

메신저에 펭수짤을 보낸 후배의 속마음

펭수는 캐릭터기 때문에 펭수의 말과 행동은 제작진이 정한 세계관과 시나리오에 근거한다. 만약 현실에서 우리가 펭수처럼 거침없이 발언하면 어떨까? 회사에서 사장 이름을 함부로 부르고, 권력 앞에서도 주눅 들지 않고 행동하면 어떨까? 불이익을 받을 것이다. 현실이 그러하다. 그래서 우리는 속으로는 펭수처럼 행동하고 말하고 싶어도 결코 실제로 표현하지는 못한다. 불이익이 두렵기 때문이고, 현실에서는 을로 살아가기 때문이다.

하지만 가상의 캐릭터인 펭수는 불이익을 두려워할 이유가 없다. 대다수의 사람들은 펭수의 거침없는 발언에도 '그냥 캐릭터인데 뭘' 하면서 심각하게 받아들이지 않는다. 한국 사회처럼 위계구조가 견고하고 나이, 지위 그리고 부가 계급이 되는 사회에서는 실명으로 저항하는 일이 쉽지 않다. 익명이라는 안전장치를 갖추어야만 목소리를 낼 수 있다. 소셜미디어나 온라인에서의 행동도 마찬가지다. 익명 속에 숨어서 악플도 달고 공격도 한다. 하지만 익명이 정당한 저항이 아니라 인신공격, 인격 모독, 명예훼손의 도구로 사용되는 것은 끔찍한 일이다. 물론 정치 뉴스처럼 익명의 자유로운 공방을 필요로 하는 분야도 있지만, 비겁한 악플과 인신공격이 대다수인 연예 뉴스의 댓글창을 유지하는 것은 명분도 실리도 없다(포털사이트 뉴스에서 댓글을 없애지 않는 결정적인 이유는 트래픽을 높이려는 비즈니스적 이유 때문이다). 익명의 힘은 그것을 잘 활용할 수 있고 책임을 지는 사람에게나 효과적이다. 그런 점에서 펭수는 익명의 힘을 누구보다 잘 알고 잘 사용한다. 많은 사람들이 펭수의 거침없는 행보에 열광하는 것은 평소에 자신이 하지 못하는 행동을 해 주는 펭수에게 감정 이입해 대리 만족을 느끼기 때문이다. 만약 누구나 펭수처럼 거침없이 사이다 발언을 하고, 권위에 주눅 들지 않을 수 있다면 펭수의 인기는 사그라들 것이다.

펭수 카카오톡 이모티콘이 출시된 이후 압도적 인기를 유지하고 있는 것도 같은 맥락이다. 〈자이언트 펭TV〉 채널 구독자이자, 펭수 굿즈를 가진 '펭클럽'(펭수의 팬클럽)은 메신저 창에서 펭수 이모티콘을 적극 활용한다. 이모티콘은 너무 직접적이거나 부담스러운 말을 대신하기에 좋다. 펭수 이모티콘으로 하고 싶은 말을 대변하는 것이다. 만약 후배가 당신에게 펭수 이모티콘을 보낸다면 잘 생각해 봐야 한다. 차마 직접적으로 할 수 없었던 말을 '펭수 짤'을 빌어 대신하는 것일 수 있기 때문이다.

전 세계로 번지는 'Anti-kkondae'

꼰대는 세계적으로 널리 퍼지고 있는 말이기도 하다. BBC2(영국 BBC의 TV 채널 중 하나)는 공식 페이스북 계정에서 매일 오늘의 단어를 선정하는데, 2019년 9월 23일에 'KKONDAE'라는 단어를

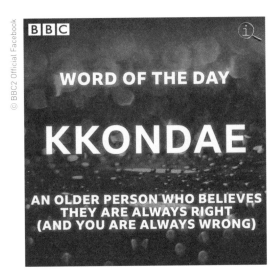

BBC2는 2019년 9월 23일 '오늘의 단어'로, 꼰대를 소리나는 대
로 영문으로 표기한 'Kkondae'를 선정했다.

선정했다. 이 단어는 우리말 '꼰대'를 발음 그대로 영문으로 쓴 것
이다. BBC는 그 이전에도 꼰대는 한국에서 '잘난 척하고 거들먹
거리는 나이 든 사람'을 일컬으며, 원하지도 않는 조언을 하고 후
배에게 절대적 순종을 요구하는 관리자를 지칭한다는 내용의 기
사를 쓰기도 했다. 영국 사람들도 꼰대에 주목한 것을 보면 정도의
차이일 뿐 전 세계적으로 이런 성향을 가진 사람들이 존재한다고
봐도 무방하다. 꼰대라는 우리말이 전 세계에서 사용될 수도 있는
것이다. 《포브스》나 〈뉴욕타임스〉에서도 영어에는 없는 표현이나

현상일 경우에는 그 나라 고유 언어로 단어를 표기하는데, 우리말 단어로는 'Chaebol'(재벌)과 'Gapjil'(갑질)이 있었다.

꼰대와 갑질은 한국 사회의 폐해이기도 하지만 동시에 한국적인 문화이자 콘텐츠다. 이는 한국 문화에 대한 관심과 맞물리면 흥미로운 콘텐츠로 주목받을 수도 있다. 안티 꼰대는 아시아에 조금 더 부합되는 정서다. 한국뿐 아니라 일본도 꼰대 문화가 심각하다. 아니 일본은 우리보다 더 심각하다고 해도 과언이 아니다. 한국의 나이 서열 문화는 일본의 영향을 받았기 때문이다. 조선 시대 유교 문화의 장유유서에서도 한두 살 차이를 서열로 계급화하는 문화는 없었다. 엄밀히 말해 장유유서는 집안 어른에 대한 공경의 의미지 사회적 위계를 이야기하는 것이 아니다. 오히려 조선 시대 선비들은 나이 차가 열 살쯤 나는 사이에도 친구를 맺었다. 대표적 절친으로 알려진 오성과 한음, 이항복과 이덕형은 다섯 살 차이다. 학문이 통하고 취향이 통하는 사이를 친구로 여겼기 때문이다. 일본은 자국의 근대화 과정에서 군대의 상명하복과 계급 문화를 사회 전체에 적용하며 국가에 대한 충성과 조직의 위계 관계를 강화시켰는데, 이것이 일제 강점기 시대 식민지 교육에 그대로 반영되었다. 한 학년 위 선배에게도 깍듯하고 선배의 명령에 복종하는 것은 사회를 통제하기 위해 만들어진 문화였다. 이것이 해방 이후 군사 정권에 활용되면서 한국 사회에 뿌리 깊게 자리 잡았다.

중국도 꼰대 문제로부터 예외가 아니다. 공산주의 독재 체제 하에서 상명하복을 통한 조직 통제가 일종의 문화처럼 확산되었다. 사실 일본과 중국이 문화적 영향을 미친 아시아 국가에서는 대부분 나이와 지위에 따른 서열화 경향이 있다. 따라서 펭수는 안티 꼰대의 아이콘으로서 아시아 시장에서 충분히 매력적이다. 케이컬쳐K-Culture의 영향으로 전 세계에서 한국의 콘텐츠와 캐릭터를 주목할 것이며, 그중에서도 펭수는 예능 캐릭터를 넘어 안티 꼰대 메시지를 전하는 사회적 캐릭터로서 충분히 가치가 있다. 펭수의 예능적 요소만으로는 세계적으로 인기를 확산하는 데 한계가 있다. 사회 문제에 대한 발언권이라는 펭수가 가진 무기를 적극적으로 활용할 필요가 있다. 그동안 세계 어디에도 안티 꼰대 캐릭터가 존재하지 않았고, 밀레니얼 세대나 Z세대가 기성세대와 세대 차이를 느끼고 갈등을 빚는 것은 전 세계적으로 보편적인 현상이기 때문이다.

꼰대였던 뚝딱이도 4050 세대의 대변자가 될 수 있을까?

EBS는 최근 뚝딱이를 주목했다. 펭수가 안티 꼰대의 대표 주자가 되는 과정에서 뚝딱이의 역할이 있었다. '이육대'에서 연장자 우대를 논하며 꼰대질을 보여 줬고, 그후 'EBS 옥상에서 뚝딱이 선배님을 만났다' 에피소드에서는 '나 때는 말이야', '다 너를 생각해서 하는 말인데'라며 조언을 빙자한 잔소리를 했다. 1994년 데뷔한 뚝딱이는 2019년에 등장한 펭수보다 무려 25년 선배다. 사실 거침없는 펭수의 안티 꼰대 발언보다 더 놀라웠던 것은 펭수의 행동에 선배인 뚝딱이가 보여 준 태도다. 현실이었다면 대놓고 거절하는 후배에게 앙심을 품고 계속 괴롭히거나 더 잔소리를 해대는 것이 일반적이겠지만 뚝딱이는 그러지 않았다. 뒤끝도 없었다. 분명 꼰대는 꼰대지만 충분히 꼰대 탈출이 가능한 꽤 괜찮은 선배인 셈이다.

펭수가 스타가 되고 나서 EBS는 뚝딱이도 새로운 스타로 만들기 위해 시도했다. 그리고 또 다시 꺼내든 콘텐츠가 꼰대. 뚝딱이가 유튜브 채널 〈뚝딱tv〉를 시작하면서 처음 올린 콘텐츠 '펭수야~ 내 동기가 본부장인데 말이야'는 꼰대 이미지를 해명하는 내용이다. EBS 성기호 콘텐츠사업본부장이 입사 시점으로 보면 뚝딱이와 동기다. 처음에 EBS 성기호 본부장은 뚝딱이에게 파일럿으로 만든 네 개의 에피소드로 유튜브 구독자 1만 명을 달성하면 제작비를 지원해 준다는 조건을 제시했고, 이 조건이 너무 과하다 생각했던 뚝딱이는 2,500명 구독자를 달성한 뒤 정규 편성을 논의하자는 합의를 이끌어 냈다. 하지만 뚜껑을 열어 보니 뚝딱이에 대한 초반 관심은 기대 이상이었다. 2020년 1월 15일 오픈한 유튜브 채널 〈뚝딱tv〉는 이틀 만에 구독자 수 1만 명을 넘었다. 〈자이언트 펭TV〉가 구독자 수 1만 명을 달성하는 데 두 달이 걸렸던 것을 감안하면 확실히 〈뚝딱tv〉는 초반 반응이 좋다. 이것은 펭수 효과이기도 하다. 펭수가 꼰대 논쟁의 수혜자가 되며 2030세대의 주목을 받았듯, 뚝딱이도 꼰대 논쟁의 또 다른 수혜자가 된 것이다. 뚝딱이는 펭수를 좋아하는 2030세대뿐 아니라 꼰대 탈출 의지가 있는 4050세대에게도 어필할 수 있다. 어릴 적 뚝딱이를 보며 자란 아이들이 지금 3040세대가 되었다. 그들에게 뚝딱이는 동정이 가고 공감이 되는 꼰대 캐릭터다. EBS는 펭수의 성공 공식을 적극 활용해 다양한 캐릭터들을 현실에 살아 있는 캐릭터로 만들어 내고 있다.

2019년 하반기부터 열풍처럼 번진 펭수의 인기는 2020년 들어서도 계속되고 있다. 펭수와 뚝딱이의 인기가 동반 상승한 것은 우리 사회에서 퍼진 안티 꼰대 트렌드가 2020년에도 유효하기 때문이다. 안티 꼰대 트렌드가 사그라들기 위해서는 한국 사회에서 꼰대 문제가 줄어들어야 하지만 생각만큼 쉬운 일이 아니다. 안티 꼰대는 확실히 누군가에게는 기회가 되고, 누군가에게는 위기가 되는 장기 트렌드임이 분명하다.

CHAPTER 5

펭수는
왜
쉬지 않고
활동할까

PENGSOO SYNDROME

초연결 사회에서도 연락받지 않을 권리
"휴일에 연락하면 지옥 갑니다!"

펭수는 EBS 소품실에서 열악하게 살지만 뽀로로를 이기고 BTS 같은 인기를 누리겠다는 꿈을 위해 하루하루 거침없이 전진한다. 주눅 들지도, 좌절하지도 않고 당당한 사이다 캐릭터로 살아가는 펭수를 2030세대 직장인들은 자신을 대신할 아이콘이자, 대리만족의 대상으로 삼는다. 펭수가 만든 인사말 '펭하'(펭수 하이)는 2030세대의 국민 인사말이 되었을 정도다. 인기가 많아지면서 펭수의 활동 범위도 확장되었다. 영화 〈백두산〉 홍보팀은 무대 인사에서 이병헌, 하정우, 배수지 등 출연 배우와 펭수와의 만남을 진행했다. 영화 〈스타워즈: 라이즈 오브 스카이워커〉도 개봉에 맞춰 광선검을 든 펭수 영상을 공개했다. 막대한 제작비가 들어간 블록

버스터 영화들이 홍보를 위해 펭수에게 손을 내민 것이다. 펭수가 얼마나 인기 있는지를 단적으로 보여 준 사례다. 펭수는 음반 발매와 정식 가수 데뷔도 할 예정이다. 2020년 1월, EBS 제작진은 여러 음반 제작사로부터 펭수의 가수 데뷔 제안을 받았고, 음원 발매 시기와 방식에 대해 협의 중이라고 발표했다. 요즘 펭수는 분야를 막론하고 섭외 1순위다. 이 모두가 다 돈이다. 펭수 스스로도 '물 들어올 때 노 젓는다'는 말을 자주 한다. 이러니 쉴 틈도 없다.

분명 밀레니얼 세대에게 욜로YOLO, You Only Live Once 와 워라밸은 아주 중요한 라이프 코드이지만 이들이 적극 지지하고 사랑하는 펭수는 성공을 위해 일만 하는 워커홀릭으로 보인다. 유튜브 콘텐츠 제작뿐 아니라 다양한 컬래버레이션 비즈니스, 상업 광고와 방송 출연, 행사 참석까지 온갖 활동을 다 한다. 몸이 열 개라도 부족할 판이다.

하지만 사실 펭수에게도 원칙은 있다. 2020년 1월 초, 펭수는 '펭수의 고향 남극으로'라는 에피소드에서 "새해를 맞아 고향에 감. 카톡 안 받아요."라는 메모를 남기고 사라진다. 펭수를 찾아간 제작진이 다음 날 촬영인데 갑자기 사라지면 어떻게 하냐고 물었더니 "내일이 촬영이잖아요? 저 오늘 월차 냈습니다." 하며 당당히 휴일에는 카톡 하지 말라고 덧붙인다. 그러면서 "휴일에 연락하면 지옥 갑니다.", "일도 쉬어 가면서 해야죠."라며 사이다 발언을 이어간다. 이런 발언을 속 시원하게 여기는 2030세대가 많다는 것은 아직도 현실 직장에서는 이런 말을 당당히 하지 못한다는 반증이기도 하다.

　누구나 스마트폰을 갖고 있고, 대다수의 사람들과 메신저로 연결되어 있다 보니 휴일이나 휴가 때도 거리낌 없이 쉽게 연락을 주고받곤 한다. 초연결 사회Hyper-connected Society의 장점인 동시에 폐해다. 초연결 사회는 인터넷과 통신 기술의 진화로 사람과 사물 등 모든 것이 네트워크로 연결된 사회를 말한다. 사물인터넷, 인공 지능 음성 비서, 자율 주행 자동차 등도 모두 초연결 사회의 산물이다. 스마트폰이 없던 시대, 인터넷과 연결되지 않았던 시대에는 어떻게 살았나 싶을 정도로 연결이 곧 우리의 존재 이유처럼 되어 버렸다. '소통'과 '연결'이 마치 만능 키워드처럼 사용되고 있다. 실제로 연결은 우리에게 굉장히 많은 편리와 이득을 안겨 줬다. 때와 장소를 가리지 않고 일을 하고, 스마트폰으로 은행 업무를 보고, 집에 들어가지 않고 가스 불을 잠갔는지 확인하고 강아지가 혼자 잘 놀고 있는지도 지켜본다. 하지만 이런 편리성은 반대로 스트레스를 안겨 준다. 타인의 사생활을 간섭하고, 상대방의 상황이나 사정은 고려하지도 않고 업무 지시를 하기도 한다. 그래서 주목받기 시작한 것이 '연결되지 않을 권리'다. 상사(선배)와 후배가 동등하다면 문제가 되지 않겠지만, 갑을 관계가 존재하는 현실에서는

초 연결사회를 사는 현대인들은 퇴근 후나 휴일에 오는 업무 연락을 거부하기가 쉽지 않다.

불이익을 당할까 봐 두려워 휴일이나 휴가 중에 오는 업무 연락을 거부하기가 쉽지 않다.

　프랑스에서는 업무 시간 이후에 업무 메일을 확인하지 않아도 된다는 법이 2017년 1월 1일부터 발효되었다. 퇴근 시간 이후에 회사와 상사로부터 연결되지 않을 권리를 법적으로 보장받는 것이다. 2013년에 독일 노동부는 업무 시간 이후에는 비상시가 아니면 상사가 부하 직원에게 전화나 이메일로 연락하지 못하도록 하는 지침을 발표한 바 있다. 다임러벤츠 그룹의 경우 휴가 중인 사람의 메일에 인공지능이 자동 응답하고, 이를 삭제하는 시스템을

운용 중이다. 휴가 중인 사람에게 송신되었던 메일을 분석했더니 업무상 중요한 메일은 20퍼센트 정도에 불과했으며, 그 업무가 상사나 다른 동료가 충분히 대신할 수 있는 것이었다. 그래서 휴가 중인 사람에게는 업무 메일이 가지 않도록 하는 제도를 구축한 것이다. 국가와 기업이 나서서 이런 법적 장치를 만들어 내는 것은 결국 개인이 자발적으로 하기는 어려운 일이라는 의미이기도 하다.

한국에서는 2018년 12월, 공무원 갑질 행위의 개념과 유형을 구체화한 '공무원 행동 강령' 개정안이 발표되었다. 개정안에 따르면 휴일이나 밤낮을 가리지 않고 시도 때도 없이 산하 기관에 업무를 지시하거나 떠넘기는 것도 갑질에 해당되며 징계 사유가 된다. 2019년 7월 16일부터는 '직장 내 괴롭힘 방지법'(근로기준법 개정안)이 시행되기도 했다. 직장 내에서 지위, 관계의 우위를 이용해 업무상 적정 범위를 넘어 신체적 또는 정신적 고통을 주거나 근무 환경을 악화시키는 행위가 불법이 되었다. 휴일에 문자나 메신저로 과도한 업무를 지시하거나 막말을 하는 것도 괴롭힘에 해당한다. 프랑스나 독일처럼 '연결되지 않을 권리' 자체를 법제화하지는 않았지만, 우리나라에도 그 권리를 포함하는 법은 존재하는 셈이다. 물론 법은 멀고 갑질은 가까운 것이 현실이기는 하다. 이런 상황에서 펭수의 사이다 발언이 2030 직장인들에게는 무기가 된다. 펭수의 목소리가 더 널리 퍼져 안티 꼰대와 안티 갑질이 보편

문화로 확산된다면 선배의 태도도 달라질 수밖에 없을 것이다. 결국 제도보다는 문화가 더 강력한 변화를 만든다.

일과 삶의 균형을 뜻하는 '워라밸'은 기혼 여성들이 어떻게 직장과 가정에서 균형을 찾아 갈 것인가에 대한 접근에서 시작되었다. 하지만 시대가 바뀌어 이제는 성별에 상관없이 중요 문제가 되었다. 노동관을 포함한, 우리가 지닌 가치관의 변화이자 라이프스타일의 변화이기 때문이다. 일과 삶의 균형은 단지 물리적 시간을 고루 배분한다는 의미도 아니고, 칼퇴근을 하고 가족과 함께 저녁을 먹는 소위 '저녁이 있는 삶'을 누리자는 것이 전부도 아니다. 과거에는 퇴근 후의 시간을 직장에서 일을 잘 하기 위해 재충전하는 시간이라고 생각하는 사람들이 많았다. 철저히 직장이 중심이 되는 인생을 당연시했다. 하지만 직장이 우리 인생의 전부일 수도 없고, 전부여서도 안 된다. 우리는 직장 생활 외에도 가정과 각종 공동체(지역이나 친구 등), 종교, 자기계발과 자아 성취를 위해서도 시간을 쓰며 살아간다. 결국 워라밸의 핵심은 퇴근 후의 온전한 자기만의 사생활을 누리자는 것이다. 사생활만큼 은밀하고 매력적인 말도 없다. 사생활의 진짜 의미는 남을 의식하지 않고 온전히 자기를 위해 집중하는 생활이다. 자신만의 사생활이 없는 사람이 과연 행복할 수 있을까? 과거에는 사생활을 포기하고 회사에만 충성하는 인재를 선호했지만 이제는 세상이 달라졌다. 회사에 머무는 시간의 양이 업무 성과를 결정하지 않기 때문이다. 워라밸에서 정시 퇴근은 아주 중요한 요소다. 그리고 자율 출퇴근 같은 유연한 제도도 중요하다. 기업들이 워라밸에 관심을 가지면서 출퇴근과 관련한 제도나 휴가를 둘러싼 문화 등이 점차 개선되고 있다. 한국 사회, 주요 대기업들이 워라밸을 적극 수용하는 것은 시대적 선택에 따른 것이다. 펭수가 말한 "휴일에 연락하면 지옥 갑니다."는 이런 시대적 변화를 반영한 핵심적 메시지다. 펭수가 쉬지 않고 일하는 것은 목표를 이루기 위해서다. 워라밸과 욜로는 무조건 놀자, 여유롭게 일하자는 의미가 아니다. 자신의 성장과 성취를 위해서 일의 속도와 양에 대한 주도권을 자기 자신이 갖자는 의미다. 시키는 일만 하지 않고 해야 할 일, 하고 싶은 일을 스스로 찾아 하는 것, 그것을 펭수가 보여 주고 있다. 나만의 브랜드 가치를 찾아 대체 불가능한 인재가 되는 것이 미덕인 시대다.

하고 싶은 일을 해야 할까, 잘하는 일을 해야 할까?

펭수는 자기소개서에서 가장 기뻤을 때를 'EBS 연습생 기회를 얻었을 때'라고 했고, 가장 힘들었을 때를 '남극에서 한국까지 헤엄쳐 올 때'라고 했다. 펭수는 꿈을 위해 목숨 걸고 헤엄쳐 왔다. 남극에서의 안정적 삶을 버리고 스스로 고생길을 감수하며 도전한 것이다. 지금이야 펭수가 유명해졌고 바쁜 나날을 보내지만 처음부터 그랬던 것은 아니다. 펭수를 아는 사람도, 펭수를 불러 주는 곳도 없었다.

첫 번째 에피소드 '관종 펭귄, 초등학교 습격? 펭수, 학교 가다'에서 펭수는 초등학생들 앞에서 '드롭 더 비트'Drop the beat를 외치며 랩으로 자기소개를 하고 〈자이언트 펭TV〉를 홍보했지만 반응은 시큰둥했다. 두 번째 에피소드가 '2m 10cm 전학생 vs 교장선생님? 펭수 교장실 급습!'에서도 펭수는 〈자이언트 펭TV〉 구독을 열심히 외쳤다. 이후 다섯 번째 에피소드까지는 펭수가 SNS 스타들을 만나 구독자 수 늘리는 방법을 배우는 내용이었다. 이때까지만 해도 〈자이언트 펭TV〉의 구독자 수는 미미했다. 그럼에도 불구하고 펭수는 이미 스타가 된 양, 자신이 뽀로로를 능가한다거나 다들 자신을 알아본다며 허세를 부렸다. 심지어 펭수는 생애 처음으로 사인을 해 달라고 온 학생에게 〈자이언트 펭TV〉의 이니셜이라며 종이에 (GP가 아니라) JP라고 크게 썼다. 자신의 이름도 헷갈릴만큼 사인을 받는 상황 자체가 예상치 못한 일이었던 것이다. 확실히 이때까지만 해도 펭수는 자신이 재능 있고 스타가 될 거라는 우격다짐만 했다. 신체적 핸디캡이 있다 보니 댄스도 원활하지 않았고, 말솜씨도 자신의 주장을 뒷받침할 만한 정도로 보이지는 않았다. 그냥 '독특한 캐릭터가 나왔구나' 하는 정도에 그쳤었다.

하지만 펭수는 뜨기 전이나 뜨고 난 후나 한결같이 자신만만하다. 구독자 수가 한 명이었을 때도 펭수의 머릿속에는 자신이 스타였다. 설령 펭수가 그저 그런 캐릭터로 사라졌다 하더라도 자신이 하고 싶은 일에 최선을 다해 도전한 점은 높이 사야 한다. 기성세대식 사고에서는 하고 싶은 일을 하는 것이 잘할 수 있는 일을 하는 것보다 어렵다. 기성세대는 멀리 있는 꿈보다는 현실 가능한 눈앞의 목표를 위해 살아가는 것을 선호한다. 누군가가 꿈을 위해 자신의 안정적인 삶을 포기하고 도전하겠다고 하면 무모하다며 반대하는 것이 기성세대다.

"연봉 20퍼센트 줄었지만, 대기업 그리워한 적은 단 한 번도 없어요." 2019년 1월 9일에 조선닷컴에서 운영하는 〈Jobs N〉 블로그에 올라온 어느 직장인의 인터뷰 기사 제목이다. 대기업을 다니다가 꿈을 위해 방송국 PD가 되었다는, EBS 9년차 PD 이슬예나 씨가 바로 인터뷰의 주인공이었다. 자신이 고등학교 때부터 꿈꿨던 PD라는 직업을 위해 과감히 안정된 직장을 포기한 그는 전형적인 밀레니얼 세대다. 실제로 밀레니얼 세대 신입사원 열 명 중 세 명이 입사 1년 안에 퇴사한다. 요즘처럼 취직이 어려운 시대에 놀라운 조기 퇴사율이다. 과거라면 상상도 하지 못했을 일이다. 기성세대는 꿈을 좇는 것을 철없다고 치부해 왔다. 하지만 밀레니얼 세대는 기성세대처럼 살지 않으려 한다. 이슬예나 PD가 아니라 대기업 직장인 이슬예나로 살았으면 그의 인생에서 펭수는 없었을 것이다.

이슬예나 PD를 비롯해 〈자이언트 펭TV〉 제작진은 하고 싶은 일에 도전하는 것을 긍정적으로 보는 사람들이다. 방송사, 특히 EBS의 재정이나 급여, 복지 수준이 업무 강도에 비해 그다지 좋지 않음에도 꿈을 이루기 위해 이를 감수한 사람들이기 때문이다. 유튜브 크리에이터는 더더욱 도전이 필요한 일이다. 채널 경쟁도 훨씬 치열하고, 노력한 만큼 성과를 거둘 수 있다고 장담할 수도 없다. 하지만 수많은 유튜브 크리에이터들은 하고 싶은 일이면 도전을 주저하지 않는다. 지금이야 돈이 되는 일이 되었지만 유튜브 초창기에는 수익을 거두기가 훨씬 어려웠다. 1세대 유튜브 크리에이터들은 유튜브가 활성화되기 전부터 이미 다양한 콘텐츠를 만들며 활동했던 사람들이었다.

2018년 5월에 시작한 유튜브 채널 〈와썹맨-Wassup Man〉은 구독자 수 220만 명(2020년 3월 기준)을 넘었다. GOD의 박준형을 유튜브 크리에이터로 만든 것은 JTBC의 디지털 스튜디오 룰루랄라다. 왜 하필 박준형이었을까? 제작진에 따르면 박준형에게 제안을 하기 전에 다른 연예인들에게도 프로젝트를 제안했지만 당시 열악했던 조건으로 인해 거절당했고, 이 제안을 받아들인 사람이 박준형이다. 결과적으로 〈와썹맨〉은 대성공을 거뒀고 박준형은 새로운 전성기를 맞았다. 이후 룰루랄라는 또 하나의 시도를 한다. JTBC 아나운서였다가 프리랜서를 선언한 장성규를 내세워 직업 체험 채널 〈워크맨-Workman〉을 만들었다. 2019년 7월 시작한 〈워크맨〉은 구독자 수 396만 명(2020년 3월 기준)으로 대성공을 거뒀다. 이 두 채널의 공통점은 하고 싶은 일을 하는 데 조건을 따지지 않았다는 점과 유튜브의 속성에 맞는 콘텐츠 전략을 구현했다는 점이다. B급 감성의 사이다 캐릭터가 유튜브에서는 아주 효과적인 콘텐츠다. 무게 잡고 멋진 척, 잘난 척하지 않고 솔직하게 자신을 드러내며 속 시원한 발언을 하는 스타와 콘텐츠는 앞으로도 계속 나올 것이다.

만약 박준형이나 장성규가 이미 많은 것을 가졌고, 많은 것을 이룬 존재였다면 그들이 유튜브 채널 제안을 받아들였을까? 그렇지 않을 가능성이 크다. 이건 펭수도 마찬가지다. 지금도 그렇지만 초기의 펭수는 온갖 콘텐츠에 다 출연했다. 연습생이니 찬밥 더운밥 가릴 상황도 아니었고, 기회만 있으면 열심히 할 수밖에 없었다. 절박함과 간절함을 가진 상태였기에 지금의 펭수가 존재할 수 있었다. 지금은 하고 싶은 일을 위해서 과감하게 도전하는 이들이 지지받는 시대다. 하고 싶은 일을 하는 데는 나이나 환경이 중요하지 않다. 꿈을 포기하지 않는다면 언제든 당당히 도전할 수 있다.

할머니 유튜버로 유명한 박막례 할머니나 시니어 모델로 유명한 김칠두 할아버지도 자신들의 인생에서 한 번도 해 보지 않았던 새로운 도전을 노인이 되어서 했다. 2030세대에게는 이런 도전하는 태도가 중요하고, 펭수가 열정적으로 일하며 꿈을 위해 매진하는 것도 같은 이유다.

자발적 야근과 밀레니얼 세대의 성장 욕망

세상에 쉽게 얻을 수 있는 것은 없다. 놀 것 다 놀고 꿈을 이룬다는 말은 거짓말이다. 한국리서치가 2019년 10월, 100인 이상 기업에 다니는 2030세대 직장인 1,558명을 대상으로 회사 생활의 최우선 가치를 연령별로 조사한 자료가 있다. 40대 직장인에게는 월급이 가장 중요했고, 그다음이 자부심이었다. 자녀 교육을 위해서나 내 집 마련을 위해서나 돈이 가장 필요할 시기가 이때다. 월급을 우선순위로 여기는 것이 당연히 이해된다. 50세 이상 직장인에게도 자부심과 월급이 상대적으로 중요했다. 그런데 2030세대는 조금 달랐다. 가장 중요하다고 꼽은 것이 나를 위한 투자 가치였고, 그다음이 자부심과 업무 만족도며, 월급은 네 번째 순위였다. 돈이 필요 없다는 것이 아니라 자신을 위해 투자해서 스스로를 성

표12 직장인 연령별 회사 생활 최우선 가치

	20~30대	40대	50대 이상
1위	나를 위한 투자 가치	월급	자부심
2위	자부심	자부심	월급
3위	업무 만족도	나를 위한 투자 가치	보람
4위	월급	사내 인간관계	업무 만족도

출처: 한국리서치(2019.10)

장시키는 게 더 중요하다는 의미다. 2030세대는 자신의 성장이
곧 승진이나 스카우트 등으로 연결될 것이라 생각하기에 당장의
월급보다는 중장기적으로 더 큰 경제적 가치를 만들어 내는 '성장'
을 중요하게 여긴다. 자신만 준비가 되어 있다면 자신을 받아 줄
직장은 많다고 생각하기 때문이기도 하다.

기성세대가 가진 밀레니얼 세대의 야근에 대한 오해도 있다.
한국리서치의 동일한 조사에서 야근(시간 외 근무)에 대한 2030세
대 직장인의 인식을 살펴보면, '할 일이 있으면 해야 한다'가 53퍼

센트, '개인 시간 허용 범위 내에서 해야 한다'가 23퍼센트다. 전체의 76퍼센트, 즉 네 명 중 세 명의 직장인이 야근에 대한 합리적 태도를 가졌다. '야근은 절대 안 돼'라는 맹목적 거부가 아니라 필요에 따라서는 할 수 있다는 유연한 태도가 많았다는 점에 주목해야 한다. 이를 통해 2030세대가 모든 야근에 대해 부정적인 것은 아니라는 해석이 가능하다. 상사가 업무 지시를 잘못 내려서 헤매고 시간을 낭비해서 하는 야근이나, 상사 눈치를 보느라 자신의 일이 끝났어도 남아 있는 관성적 야근을 싫어하는 것이지 꼭 필요한

표13 **2030세대의 야근(시간외 근무)에 대한 인식**　　　　　　　　단위:%

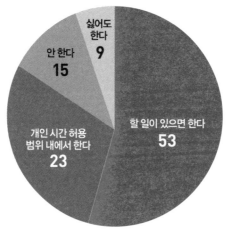

출처: 한국리서치(2019.10)

업무, 중요하고 긴급한 업무를 위한 야근은 충분히 받아들일 여지가 있다는 의미다.

확실히 적극적이고 주도적인 태도로 일하는 2030세대가 늘어났다. 물론 모든 2030세대가 그렇다고 볼 수는 없다. 하지만 성장을 우선시하는 2030세대는 더 전략적이고 적극적으로 일한다. 그들에게는 이직도 중요한 전략이 된다. 이제 잦은 이직은 더 이상 부정적인 시그널이 아니다. 펭수 역시 이직에 대해 밀레니얼 세대다운 시각을 갖고 있다. 사장 이름을 거리낌 없이 부르고 거침없이 행동하는 펭수에게 '이렇게 버릇없이 굴다가 잘리면 어떻게 하냐'고 질문하자 펭수는 'EBS에서 잘리면 KBS에 가겠다'는 식으로 답한다. 1년차 직원이 사장의 권위에 눌리지 않고 이직에 대해서도 과감하게 발언한 것이다. 실제로 여러 방송사에서 펭수에게 러브콜을 보냈고 펭수도 방송사를 넘나들며 출연했다. EBS에 '소속'되어 활동하지만 '종속'된 모습을 보이지는 않는다.

최근 몇 년간 서점가에는 퇴사에 대한 책이 엄청나게 쏟아졌다. 퇴사를 공부해야 할 만큼 전략적으로 고민하고 계획하는 사람들이 늘어났기 때문이다. 한 직장에 뿌리 박고 오래 버티는 게 능사였던 시대는 지났다. 대다수의 2030세대는 다니고 있는 회사에서 최대한 많이 배우고 성장해서 다른 회사로 옮겨 가겠다는, 합리적이면서 실용적인 태도를 갖고 있다. 이런 직장인에게 '좋은 선배'란 술과 밥을 잘 사 주고, 같이 잘 어울리고, 아쉬운 것을 해결해 주는 선배가 아니다. 이런 선배가 좋은 선배였던 과거에는 당연히 라인도 타고 사내 정치도 열심히 해야 했다. 하지만 현재 2030세대가 생각하는 좋은 선배상은 업무 지시가 명확해서 불필요한 야근을 안 하게 하고, 업무 능력이 뛰어나서 후배가 배울 게 많으며, 후배를 성장시킬 수 있는 선배다. 밥과 술은 친구와 먹으면 되고 사내 정치는 불필요한 에너지 낭비라 여기는 2030세대는 '끈끈한 관계'가 아니라 합리적이고 실용적인 '느슨한 관계'를 원한다.

모건스탠리에서 발간한 〈2014 밀레니얼 임팩트 보고서〉The 2014 Millennial Impact Report에 따르면, 밀레니얼 세대는 직장에 남아 있는 가장 큰 이유로 '자신의 열정과 재능을 발휘하고 인정받기 때문'(53퍼센트)이라고 답했다. 그다음 이유로 '동료와의 유대감'(20퍼센트), '회사의 사명과 목적에 대한 신념'(20퍼센트)을 꼽았다. 반대로 생각하면 회사에서 자신의 열정과 재능을 발휘할 수 없고 제대로 인정받지 못한다면 굳이 남아 있을 필요가 없다고 생각한다는 의미다. 밀레니얼 세대에게 '인정받는다'는 것은 아주 중요한 일이다. 여기서 인정은 피드백이다. 2018년 11월 열린 '글로벌 인재포럼 2018'에서 카카오 황성현 인사총괄 부사장(구글 본사 시니어 HR 비즈니스 파트너 출신)이 밀레니얼 세대에 대해 한 이야기를 생각해 볼 필요가 있다.

밀레니얼 세대는 기존 보상이나 평가 틀로는 잠재력을 끌어낼 수 없다. 과거 세대처럼 안정적인 삶을 추구하는 것이 아니라 어떤 아이디어로 세상에 기여할 수 있을까에 대한 관심이 많은 세대기 때문이다. 이들은 개인적 가치와 사회적 기여 모두에 관심이 많은 것이 특징인데, 옛날처럼 1년치의 공과를 연말이나 연초에 평가받고 그에 따른 보너스를 지급받는 방식으로는 그들에게 동기 부여를 할 수 없고 자극을 이끌어 내기 어렵다.

결국 오늘날에는 조직에서 밀레니얼 세대와 어울려 일을 잘할 수 있는 사람, 이들에게 일을 잘 시킬 수 있는 리더가 필요하다. 기성세대의 자기계발 미션은 밀레니얼 세대를 이해하고, 그들이 가진 능력을 충분히 흡수하는 것이다. 계급장이 아니라 실력으로 그들을 리드하려면 더 치열하게 업무에 집중하며 최신 트렌드를 파악해야 한다.

'대륙의 실수'(본래 중국 제품의 품질에 대해 기대하지 않았는데 의외로 좋은 제품이 나왔다는 의미의 반어적 표현)라는 말이 있듯 펭수는 'EBS의 실수'다. 그동안 감춰 왔던, 아니 보여 주지 못했던 EBS의 실력이 드러난 것은 EBS가 위기를 맞았기 때문이다. 회사가 절박한 상황이 되자 경영진은 혁신과 도전을 주문했고, EBS의 밀레니얼 세대가 그 위기를 기회로 만들었다. 한국 사회에서도 밀레니얼 세대가 만들 기회는 얼마든지 많다. 이제 그들에게 권한과 기회를 줄 때다.

펭수도 조심해야 할 번아웃 증후군

2019년 9월의 펭수는 안티 꼰대 캐릭터로만 주목받은 것이 아니다. '이육대' 이후 차츰 만능 엔터테이너로서 자질을 보여 주기 시작했다. 펭수의 활동 반경이 넓어지게 되었고, 바빠지기 시작했다. 2019년 9월 19일과 20일 〈자이언트 펭TV〉에 업로드한 '이육대' 에피소드가 일주일 만에 조회 수 100만 회를 돌파하고 관심이 커지자, 9월 29일에 'EBS 아이돌 육상대회' 1, 2부를 TV로 재방송하기도 했다. 그리고 그 직전인 9월 26, 27일에는 '펭수쇼'를 1, 2부로 〈자이언트 펭TV〉에 업로드했다. '펭수쇼'는 '이육대' 이후 펭수에게 쏟아지는 관심에 응답이라도 하듯 펭수가 트로트, 힙합, 록, 발라드 등 다양한 장르를 소화한 공연인데, 마치 펭수 디너쇼, 펭수 팬미팅 같은 느낌이었다.

　이 '펭수쇼'를 통해 펭수의 역할이 단순한 캐릭터가 아니라 엔터테이너이자 크리에이터임을 확인할 수 있었다. 그동안 EBS 유아·어린이 프로그램에 등장한 캐릭터들은 애니메이션과 스튜디오 속에만 갇혀 있었다. 그들의 목소리는 성우의 목소리였고, 대본에 충실한 연기를 했다. 하지만 펭수는 스튜디오를 나와 여느 유튜브 크리에이터처럼 일상 현장에서 실제 사람들을 만나고, 대본을 읽는 대신 라이브로 대화를 한다. 그러다 보니 연기자에 대한 궁금증이 커지게 되었고, 급기야 펭수의 정체에 대한 온갖 소문이 생겨나기 시작했다. 〈자이언트 펭TV〉가 과감하고 확장된 콘텐츠를 시도할수록 펭수를 부르는 곳도 많아졌고, 펭수를 분석하는 증권사 리포트와 신문 기사를 비롯해서 인터뷰 요청도 쏟아졌다. 스타가 되기 위해 바다를 건너 헤엄쳐 온 펭수라는 점을 감안하면 이 정도의 상황으로 지치지는 않을 것이다. 원했던 일을 하는 것이기에 몸은 고되어도 행복할 것이다. 하지만 이 상태가 계속되기는 어렵다. 펭수가 본격적으로 바빠진 것은 2019년 가을부터기 때문에 아직은 괜찮다 해도 시간이 지날수록 피로가 누적될 것이다. 연기자의 비중이 높은 데다 연예인처럼 활동하는 특별한 경우이기에 펭수의 번아웃 방지는 제작진의 중요한 미션 중 하나다.

번아웃 증후군Burnout syndrome 이란 의욕적으로 일에 몰두하던 사람이 극도의 신체적·정신적 피로감을 호소하며 무기력해지는 증상이다. 야근이 잦아 만성 피로가 누적된 워커홀릭 직장인들에게서 발생하는데, 방치했다가는 자해나 자살 등 극단적 행동까지도 할 수 있어 예방과 치료가 중요하다. 세계보건기구WHO는 번아웃을 심각한 질병으로 규정했다. 번아웃은 이전부터 세계보건기구의 국제질병표준분류기준ICD 에서 질병으로 분류하고 있었고, 2019년 5월에 세계보건총회에서 질병으로 최종 승인했다. 참고로 스웨덴에서는 번아웃이 법적 질병으로 인정돼 의료진단서 발급이 가능하며, 네덜란드에서도 직업병으로 인정하고 있다. 핀란드에서는 번아웃에 따른 문제가 생길 경우 장애연금 수급도 가능하다. 이렇듯 유럽에서는 번아웃을 사회적 문제로 인식해 재정적 보상이나 재활 서비스 등 국가 차원에서 대응하고 있는 중이다.

번아웃 증후군보다 더한 것이 과로사다. 과로사(카로시)는 일본에서 과로 때문에 사망하는 사람들이 많아지면서 사회 문제가 되어 만들어진 말이다. 일본은 2014년 과로사 방지법을 제정했지만 여전히 과로사는 일본에서 유효한 이슈다. 사실 일본보다 더 심각한 것은 우리나라다. 번아웃 증후군이 만연할 정도로 과로 사회인데도 아직 번아웃과 과로에 대해서 대응이 소극적이다. 그렇기에 기업들이 더 적극적으로 이 문제에 대해 나서야 하며 직장인도 스스로를 더 잘 챙겨야 한다.

애플, 페이스북, 나이키, 구글, 시스코 시스템즈, P&G, 바스프, 오펠. 이 기업들에는 공통점이 있는데, 바로 사내에 낮잠용 수면 시설을 설치했다는 것이다. 수면룸을 만들기도 하고, 첨단 기능의 수면 전문 의자nap pod를 구비해 두기도 했다. 미국항공우주국NASA 의 연구에 따르면 26분간 낮잠을 잤을 경우 업무 수행 능력은 34퍼센트, 집중력은 54퍼센트 증가한다고 한다. 즉 잘 쉬는 게 업무 생산성과 효율성을 높일 뿐 아니라 창의성에도 도움이 된다. 구글, 애플, 페이스북, 인텔, P&G, 골드만삭스는 사내 마인드풀니스Mindfulness 프로그램을 운영한다. 우리말로 마음챙김이라고도 하는데, 일종의 명상이자 집중력 훈련법이다. 헬스 트레이닝으로 몸의 근육을 단련하듯 지속적 명상과 호흡으로 마음(정신)을 단련하

© sleep apnea

애플, 페이스북, 나이키, 구글 등 세계적인 기업들은 사내에 낮잠용 수면 시설을 설치해 직원들의 업무 효율을 높인다. 사진은 수면 전문 의자.

는 것이다. 구글이 2007년부터 도입한 마인드풀니스 프로그램 SIY Search Inside Yourself(너의 내면을 검색하라)는 구글에서 가장 인기 있는 연수 프로그램 중 하나다. 구글을 비롯한 실리콘밸리 기업들을 시작으로 월스트리트, 하버드와 UC버클리 등 유수의 경영대학원에서는 앞다투어 마인드풀니스 프로그램을 도입했다. 그리고 이제는 전 세계 기업이 주목하는 프로그램이 되었다.

가장 치열하게 일하고 경쟁하는 곳에서 왜 낮잠과 명상을 이야기하는 것일까? 스트레스를 줄이고 번아웃 증후군을 방지하는 것이 곧 업무 성과로 이어지기 때문이다. 세계보건기구는 매년 스트레스로 미국 기업들이 입는 손해가 3,000억 달러 정도라고 추산하기도 했다. 과거에는 주어진 휴가마저 반납하고 일만 하는 워커홀릭이 미덕이었지만, 이제는 "휴가를 안 가는 사람, 휴식에 인색한 사람과는 큰일을 도모하지 말라."는 말까지 생겼다. 기업 경영이론의 대가인 톰 피터스Tom Peters 는 "모범생 같은 화이트컬러는 발붙일 곳이 사라지고, 남들과 달리 톡톡 튀지 않으면 경쟁에서 퇴출되는 시대가 왔다."고 샐러리맨의 미래를 예견한 바 있다. 이제 창의성이 없으면 생존할 수 없는 시대다. 창의력과 상상력은 적당한 여유와 다양한 경험에서 나온다. 우리에게 특히 필요한 것은 머리를 재충전시켜 줄 휴가다.

문화체육관광부 자료에 따르면 직장인이 부여받은 연차 휴가는 평균 15.1일인 데 반해, 실제로는 평균 7.9을 사용해 52.3퍼센트의 사용률을 보였다. 주어진 휴가도 절반밖에 안 쓴다는 이야기다. 주요 선진국 직장인들의 연차 휴가는 20~30일 사이다. 그리고 그들은 부여된 연차 일수를 거의 다 소진한다. 우리는 휴가의 양과 질 모두에서 아쉬움이 크다.

　워커홀릭 시대의 종말을 위해라도 번아웃 증후군에 적극 대응해야 한다. 한국에서는 2002년부터 본격적으로 주 5일 근무제 도입이 논의되었고, 2003년 법이 통과되었다. 처음 주 5일 근무제를 도입한다고 했을 때 전국경제인연합회를 비롯한 경제 5단체가 신문에 '삶의 질 높이려다 삶의 터전 잃는다'며 반대 광고를 실었다. 하지만 한국 경제는 그 후로 더 좋아졌다. 2019년에는 대기업을 대상으로 주 52시간 근무제가 시행되었고, 2020년부터는 중소기업에까지 확대 적용되는데, 경제 단체들은 18년 전과 똑같이 52시간 근무제가 한국 경제를 망친다며 반대하고 있다. OECD 국가 중 연간 노동 시간에서 최상위권인 한국이 업무 효율성을 높이고 노동 시간을 줄이는 것은 중요한 과제다. 물론 경직되고 획일적인 기준 대신 좀 더 유연한 기준은 필요하다. 노동 시간 단축의 핵심 목적은 노동자의 삶의 질 개선, 생산성과 효율성의 증대다. 그저 물리적 노동 시간 단축 자체가 목적은 아니라는 말이다.

라이언은 전무가 되었고, 펭수는 연예인이 되었다

요즘 펭수는 방송, 행사, 광고계를 막론하고 섭외 대상 0순위로 떠올랐다. 펭수 캐릭터를 활용한 컬래버레이션 상품도 물밀듯 쏟아지고 있다. "요즘 한국의 내수는 펭수가 살린다."라는 말이 있을 정도다. LG생활건강은 펭수에게 뷰티 컨설턴트 교육을 시키고, 네이처컬렉션 매장에서 일일 판매 사원으로 일하는 영상을 촬영했다. '펭수, 판매왕에 도전한다'라는 제목으로 〈자이언트 펭TV〉에 업로드 된 영상은 한 달여 만에 조회 수가 무려 162만 회를 넘었다. 포토 다이어리 《오늘도 펭수 내일도 펭수》는 사전 예약 판매 세 시간 만에 1만 부가 팔렸으며 상당히 오랜 기간 주요 서점의 종합 베스트셀러 순위 1위를 지켰다. 펭수 달력은 예약 판매 하루 만에 17만 부가 판매되었으며, 달력을 구매하기 위한 접속자가 폭증해 판매 사이트가 일시 마비되기도 했다. 펭수 화보가 실린 패션지 《나일론》 2019년 12월호 역시 4일 만에 완판되었다. 패션브랜드 스파오가 펭수와 컬래버레이션해서 맨투맨 티셔츠, 반팔 티셔츠, 수면 바지 등을 출시했는데, 그중 수면 바지는 판매 10분 만에 전 스타일, 전 컬러가 완판되었다. 2020년 1월과 2월에 내놓은 추가 물량에 대한 반응도 역시 폭발적이었다. 동원F&B는 펭수를 롤모델로 '남극펭귄참치' 패키지를 출시했으며, KGC인삼공사는 펭수

펭수는 KGC인삼공사, 동원F&B, LG생활건강, 빙그레, 코카콜라 등의 브랜드 모델이다. 사진은 펭수가 광고하는 LG생활건강의 섬유유연제(왼쪽)와 동원 F&B의 캔 참치(오른쪽).

와 함께 CF를 제작했다. 이미 펭수는 KGC인삼공사, 동원F&B, LG
생활건강, 빙그레, 코카콜라 등의 브랜드 모델이다.

이밖에도 셀 수 없이 많은 러브콜이 쏟아지고 있어 펭수 제작
진은 행복한 고민을 하고 있다. 구독자 수가 100만 명이던 2019년
11월 말 기준 펭수의 1년 광고 모델료는 최소 3억 원에서 최대 5억
원으로 업계는 추정했다. 그리고 구독자 수가 200만 명을 넘은
2020년 1월 말 기준으로는 6개월 모델료가 3~4억 원, 1년 모델료
는 7억 원 정도로 추정한다. 인기가 지속될 경우 1년 모델료가 10억
원도 가능하다. 이 정도면 슈퍼스타급이다. 활동 범위가 다양한 펭
수이기에 연간 수백억 원을 벌 수도 있다.

2019년 연말까지 펭수가 진행한 컬래버레이션들은 같은 해 9~10월경에 섭외를 받은 것들이었다. 9월 말까지도 펭수는 구독 자 수 10만 명에 불과했다. 그때 발 빠르게 나선 기업들은 상대적으로 쉽게 기회를 잡았고, 펭수가 이미 슈퍼스타가 되어 버린 11월 이후 섭외를 시도한 기업은 상대적으로 펭수 모시기가 어려워졌다. EBS로서는 이보다 더 좋을 수가 없다. EBS가 몇 년간 매출이 계속 정체 상태고, 영업이익은 마이너스 상태였는데 펭수 효과로 흑자로 돌아설 기회를 잡은 것이다. 요즘은 잘 키운 캐릭터 하나가 회사를 살린다.

카카오에는 믿고 쓰는 '라 전무'가 있다. 카카오가 만든 캐릭터 브랜드 카카오프렌즈가 2016년에 선보인 캐릭터 라이언은 카카오IX(캐릭터 사업을 전개하는 카카오 자회사) 매출의 일등공신이다. 카카오가 인공지능 스피커를 만들었을 때도 라이언 인형이 붙어 있어서 더 잘 팔렸고, 카카오뱅크를 만들었을 때도 체크카드 이용자의 절반이 카드 디자인 중에서 라이언 캐릭터를 골랐다. 활약이 이렇다 보니 카카오 직원들은 재미 삼아 라이언을 '라 상무'라고 불렀는데 2017년 연말 임원 인사 때 라이언이 전무 승진자 명단에 올라가기도 했다. 그래서 공식적으로 '라 전무'로 통한다. 카카오는 라이언 캐릭터를 다양한 굿즈로 제작해 매출을 올릴 뿐만 아니라, 자사의 다른 사업과 다양한 방식으로 컬래버레이션해 대중에

카카오가 만든 캐릭터 브랜드 카카오프렌즈가 2016년에 선보인 캐릭터 라이언은 카카오IX 매출의 일등공신이다. 사진은 라이언 활용해 제작한 마그넷, 가습기, 다이어리.

게 카카오 브랜드를 알리고 있다. 펭수가 단독 굿즈 제작과 캐릭터 라이선스 사업 같은 매출적 측면을 넘어서 EBS 자체 콘텐츠와의 컬래버레이션, 타사와의 비즈니스 제휴 등을 통해 EBS 브랜드 홍보 측면에서도 활용되고 있는 것과 유사하다. 펭수가 당장 펭 전무가 되지는 못하겠지만, 이런 성과만 놓고 봤을 때 펭 부장 정도는 되어도 무리가 없지 않을까?

카카오프렌즈 캐릭터들은 카카오톡 이모티콘으로 시작해서 다양한 캐릭터 비즈니스로 확장되었다. 이것은 라인프렌즈도 마찬가지다. EBS의 2018년 연매출이 1,656억 원이었는데, 카카오IX

는 1,051억 원, 라인프렌즈는 1,973억 원이었다. 특히 라인프렌즈
는 2017년 대비 2018년 매출이 55퍼센트 증가했고, 2019년에도
증가세가 이어져 2,000억 원대에 진입했다. 카카오IX는 2018년
1,051억 원에서 2019년에는 1,800억 원의 매출을 올린 것으로 추
정된다. 600여 명의 직원을 둔 EBS의 매출보다, 250명 정도인 카
카오IX와 라인프렌즈의 매출이 더 많다는 것은 생각해 볼 일이다.
영업이익 면에서도 2018년 EBS가 229억 원의 적자를 기록한 반
면 라인프렌즈는 100억 원의 흑자를 올렸다. 직원 수 대비 매출을
보면, 캐릭터 비즈니스가 지상파 방송보다 훨씬 효율적라고 할 수
있다. 물론 2019년 2분기 기준 카카오톡의 국내 월간 실사용자 수
가 4,442만 명에 이르고, 라인은 전 세계에서 월간 실사용자 수가
2억 명 정도이다 보니, 이런 배경이 그들의 캐릭터 비즈니스 가치
를 높인 것도 사실이다.

　　카카오에 따르면 이모티콘을 사용하는 사람은 2,900만 명이
고, 월평균 이모티콘 발신량은 23억 건 정도다. 그리고 2012년부
터 2019년까지 이모티콘 누적 구매자 수는 2,100만 명 정도다. 이
모티콘을 자주 구매하는 이들이 꽤 많은 셈인데, 2012년부터
2019년까지 누적 매출 1억 원을 올린 이모티콘만 1,000종이 넘는
다. 이것은 순수하게 이모티콘으로만 올린 매출이며, 이모티콘으
로 인기를 누린 캐릭터가 다른 분야로도 확장된다는 점을 감안하

면 캐릭터가 가진 비즈니스 가치는 더 커진다.

　화제성 있고 소비자 선호도가 높은 캐릭터를 자사 브랜드에 활용하는 것은 기업 입장에서 당연한 일이다. 애니메이션 캐릭터 역시 예외는 아니다. 2019년 겨울, 펭수만큼이나 활약한 캐릭터가 엘사다. 11월 21일 개봉한 〈겨울왕국 2〉는 관객 수 1,374만 명을 넘었다. 〈겨울왕국〉이 관객 수 1,030만 명 정도였으니 본편과 속편 모두 1,000만 명을 달성한 셈이다. 이랜드 리테일은 실사판 엘사 드레스를 만들어서 온라인 판매를 했는데, 하루 만에 품절되었

© Faiz Zaki by Shutterstock

2019년 겨울, 펭수만큼이나 활약한 캐릭터
가 〈겨울왕국 2〉의 엘사다.

다. 뚜레쥬르가 11월 말 출시한 '겨울왕국 2 케이크'는 출시 1주 만에 2만 개, 3주 만에 7만 개 이상이 팔려 뚜레쥬르 역대 최단기 간 케이크 판매 기록을 달성했다. 같은 시기에 배스킨라빈스가 출 시한 아이스크림 케이크 '엘사와 안나의 겨울왕국'도 5만 개 이상 팔렸다. 이밖에도 편의점, 화장품 브랜드 등 70여 개 브랜드가 디 즈니와 캐릭터와 공식적으로 계약을 맺고 의류, 화장품, 장난감, 수저, 식판, 식음료 등 1,000여 종류의 〈겨울왕국〉 캐릭터 상품을 출시했다. "가는 말이 더 간다."는 말도 있듯, 인기 캐릭터에 숟가 락을 얹으려는 수요는 많을 수밖에 없다. 역대 국내 관객 수 6위의 흥행을 기록한 〈겨울왕국 2〉 캐릭터를 상품화하는 것은 위험 부담 이 적은 마케팅 방법이며, 펭수에게 러브콜이 쏟아지는 것도 바로 이런 이유 때문이다.

최근 몇 년간 캐릭터와 브랜드 간 컬래버레이션이 눈에 띄게 증가한 데는 3040세대 키덜트Kidult 족의 증가가 한몫했다. 키즈Kids 와 어덜트Adult의 합성어인 키덜트는 말 그대로 아이들의 물건이 나 문화를 즐기려는 성인을 뜻한다. 과거에는 아이들만 좋아하던 애니메이션 캐릭터를 요즘에는 어른들도 꽤 좋아한다. 또한 밀레 니얼 세대의 소비 트렌드는 재미있는 것에 적극 돈을 쓰는 추세로 바뀌었다.

브랜드 마케팅에서 연예인 모델보다 캐릭터 모델이 나은 점은 리스크가 적다는 것이다. 연예인은 사람이다 보니 어떤 변수가 생길지 알 수 없으며 완전히 통제하기도 어렵다. 사회적 물의를 일으킬 경우 기업 또한 치명적인 타격을 받을 수 있다. 하지만 캐릭터는 실존 인물이 아니기 때문에 이런 부분에서 자유롭다.

캐릭터를 통해 일시적 인기를 끄는 것도 좋지만, 그것이 장기적으로 브랜드 마케팅에 어떤 영향을 줄지도 생각해야 한다. 캐릭터에 의존하는 마케팅이 당장의 판매만 놓고 봤을 때는 도움이 되겠지만 장기적으로 봤을 때 독이 될 수도 있기 때문이다. 캐릭터 덕분에 브랜드 인지도가 높아지는 홍보 효과가 아니라 캐릭터만 띄우고 브랜드는 묻히는 부작용이 생길 수도 있다. 그럼에도 불구하고 뜨는 캐릭터는 우선 잡고 봐야 한다. 지금 시대에 유명 캐릭터는 그 어떤 셀럽이나 스타보다 강력한 마케팅 도구기 때문이다. 캐릭터 비즈니스가 소비재 브랜드의 마케팅은 물론이고 콘텐츠 비즈니스, 미디어 비즈니스에도 점점 더 깊숙이 관여하고 있다.

펭수는 EBS를 구할 수 있을까?

펭수의 상업적 활동은 전방위로 확장되고 있다. 카카오의 라이언처럼 펭수는 방송, 교재 출판, 뉴미디어, 기업 제휴 등 EBS의 사업

전반에 관여하며 EBS의 수익을 끌어올리는 데 적극적으로 나서고 있다. 공영방송 캐릭터이기에 처음에는 신중하게 접근했지만, 이제는 상업 광고 출연은 물론이고 수익 사업이라면 주저하지 않는다.

지상파 방송의 위기는 MBC, KBS, SBS도 겪고 있지만 더 심각한 위기에 빠졌던 EBS가 나름의 극복 방안을 찾은 것이다. EBS는 유튜브를 지상파 채널의 보조 수단으로만 활용하지 않고, 유튜브를 중심으로 콘텐츠를 제작하고 확산해 지상파의 한계에서 벗어나려고 시도했다. 그중 하나가 〈자이언트 펭TV〉였고, 다행히 성공적인 결과를 얻었다. 당연히 EBS는 유튜브 기반 콘텐츠를 더욱 확대하려고 시도할 것이다. 그리고 펭수가 유튜브와 캐릭터 비즈니스에서 찾은 기회는 당연히 다른 지상파 방송사들을 자극할 수밖에 없다. MBC, KBS, SBS에도 각각의 펭수가 필요하고, 그들 역시 더 과감하고 도발적인 크리에이터이자 캐릭터를 만들어 낼 것이다. 한마디로 '지상파 방송의 패러다임 전환'에 펭수가 영향을 미치고 있다. 물론 펭수가 만든 기회는 이제 시작일 뿐이다. 앞으로 얼마나 오랫동안 이 성과를 이어 나가느냐가 중요하다. 펭수가 단기적으로는 EBS에 성과를 만들어 주겠지만, 장기적으로는 지상파 채널의 위기를 더 가중할 수도 있다. 상업적 가치가 높은 유튜브 크리에이터를 누가 더 많이 확보하느냐가 관건이 될 향후의 콘텐츠(미디어) 비즈니스에서 지상파의 경쟁력은 점점 낮아질 것이기 때문이다. 지상파 방송들은 펭수가 만든 기회를 더 심각하게 받아들여야 한다.

펭수를 보면 떠오르는 캐릭터가 하나 있다. 바로 일본의 구마몬이다. 펭수처럼 덩치가 크고 시커먼 털을 가진 동물 캐릭터인데, 인형 탈을 쓴 연기자가 실존하는 동물인 것처럼 연기한다.

펭수가 위기의 EBS를 구하는 일등공신이듯 구마몬은 위기의 구마모토현을 살린 일등공신이다. 구마몬은 일본의 규슈 지역의 소도시 구마모토현에서 2010년 3월에 만든 캐릭터다. 일본어로

일본 규슈 지역의 구마모토현에서 2010년 3월에 만든 캐릭터 '구마몬'은 지방 소멸의 위기에 처한 구마모토현을 재생시킨 일등공신이다.

곰을 뜻하는 '구마'와 사람을 뜻하는 '몬'을 합쳐서 만든 이름으로 자연스럽게 구마모토현를 연상시킨다. 2011년 규슈 신칸센의 전면 개통을 앞두고 구마모토현은, 오사카에서 출발해 후쿠오카를 지나 종착역인 가고시마로 통과하는 동선 위에 있는 지역이라는 점을 활용해 관광객을 유치하고 지역 경제를 활성화하고자 노력 중이었다. 당시 구마모토현은 공무원 임금을 삭감할 정도로 심각한 재정난을 겪고 있었고, 이를 타개하기 위해 도움이 될 일이면 무엇이든 해야 할 상황이었다. 큰돈을 들이는 프로젝트를 진행할 수 없었던 구마모토현은 지역의 마스코트를 만들어서 활용하기로 했다.

일본은 물론이고 우리나라에서도 대부분의 지역 마스코트는 그 지역의 특산물을 의인화한 형태다. 가령 고추로 유명한 지역은 팔다리가 달린 고추가 마스코트이고, 소고기로 유명한 지역은 두 발로 걷는 소가 마스코트인 식이다. 이렇다 보니 뻔하고 개성도 없을뿐더러 비슷하게 생긴 마스코트도 많다. 하지만 구마몬은 구마모토라는 지역 이름을 내세우고, 캐릭터 자체가 가진 매력을 높이는 데 집중했다. 구마몬에게 구마모토현청의 영업부장이란 직책도 부여했다. 구마몬은 사무실에 책상도 있고 휴가도 간다. 귀엽고 예쁜 이미지를 지닌 캐릭터로만 존재하지 않고, 현실 속에서 인격을 가진 생명체처럼 활동하는 모습이 마치 펭수를 연상시킨다. 지역 마스코트지만 지역에만 머물지 않고 일본 전역으로 활동 반경을 넓힌 것도 다른 캐릭터와의 차별점이다. 오사카 야구장에서 명함을 나눠 주거나, 주요 대도시를 돌며 각종 이벤트를 벌이는 등 전국적 인지도를 쌓았다. 덕분에 2011년 연말, 캐릭터가 만들어진 지 1년 반 만에 구마몬은 일본 최고의 마스코트로 뽑히게 되었고 해외에도 알려지게 되었다. 구마모토현은 이렇게 얻은 구마몬의 유명세와 인지도를 지역 경제 활성화 도구로 사용했는데, 구마모토를 알리거나 구마모토 지역 특산물을 파는 목적으로 구마몬을 활용하고자 하는 곳에는 캐릭터 사용료 없이 마음껏 쓸 수 있도록 했다. 구마몬은 수익 사업을 위한 캐릭터가 아니라 지역 경제를 활성화하기 위한 목적으로 만들어진 캐릭터기 때문이다.

2011년 25억 엔(약 250억 원) 정도였던 구마몬 관련 상품의 매출이 2015년 1,000억 엔을 넘더니, 2018년에는 1,505억 엔까지 증가했다. 가장 매출이 높은 상품은 구마몬 캐릭터를 활용한 식품으로 전년 대비 3.8퍼센트 증가한 1,241억 5,500만 엔이었고, 캐릭터 굿즈나 이벤트 매출은 14.5퍼센트 늘어난 244억 7,400만 엔이었다. 심지어 해외 라이선스 매출도 19억 2,700만 엔이나 되었다. 잘 만든 캐릭터 하나가 지역 경제에 연간 1,505억 5,655만 엔이라는 막대한 기여를 한 것이다. 2011년과 비교하면 2018년에는 무려 60배 정도 매출이 증가했는데, 2011년부터 2018년까지의 누적 매출이 6,614억 엔 정도다. 2020년 말에는 누적 매출이 1조 엔에 이를 것으로 예상한다.

영업부장 구마몬은 '행복부장'이기도 하다. 2016년 4월, 구마모토현에 진도 7의 대지진이 두 차례나 발생했을 때 구마몬은 지진 피해 복구의 상징이 되기도 했다. 대피소를 비롯해 유치원, 보육원, 복지 시설 등에서 구마몬은 주민들의 희망과 용기를 북돋우는 활동을 벌였다. 이렇게 구마모토현을 넘어 일본 전역에서 사랑받을 만한 활동을 하는 캐릭터의 가치와 생명력이 오래 이어질 것이다.

그렇다면 펭수는 얼마나 오래 사랑받을 수 있을까? 구마몬과 펭수가 가장 크게 다른 점은 펭수는 말을 많이 한다는 것이다. 펭수는 연기자의 개인기와 순발력에 크게 의존한다. 펭수가 살아 있는 실존 캐릭터로 자리 잡는 데 연기자가 결정적 역할을 했다고 해도 과언이 아니다. 따라서 펭수 연기자를 얼마나 오래, 잘 관리하느냐가 중요하다. 펭수가 가진 장점이 펭수의 단점이자 위험 요소가 될 수 있기 때문이다. 비즈니스에서는 변수와 위험 요소를 최대한 통제하거나 관리하는 능력이 중요하다. 이를 위해서는 연기자 관리뿐 아니라, 펭수의 대외 활동에서 호감도와 매력도를 높이는 작업이 반드시 병행되어야 한다. 상업적 활동과 비상업적 활동의 비중 사이에 조화가 필요하다. 펭수는 가상의 캐릭터가 아니라,

실존하는 캐릭터이자 연예인이기 때문이다. 이 인기가 오래 가려면 좀 더 전략적인 매니지먼트가 필요하다. 애초에 EBS도 이렇게까지 펭수가 성공할 줄은 몰랐던 데다 언제 이 인기가 떨어질지 모르니 물 들어올 때 노 젓는 전략을 선택했겠지만, 펭수를 글로벌 스타로 띄우기 위해서도, EBS의 위기를 막을 구원투수로 만들기 위해서도 펭수의 진화를 준비해야 한다. 황금알을 낳는 거위로 만들 것인지, 당장의 황금알을 꺼내기 위해 배를 가를 것인지는 결국 EBS 제작진의 선택이자 역할이다.

PART 3

펭수의 시대

: 세대를 넘어 시대 아이콘이 되다

CHAPTER 6

펭수는 대한민국 사회를 어떻게 바꾸는가

LOVE MYSELF PENGSOO SYNDROME

누가 펭수의 흰자위를 지적하는가?

펭수는 스스로 완벽한 외모라고 이야기한다. 펭수가 보여 준 자신의 외모에 대한 태도는 보디 포지티브다. 보디 포지티브는 있는 그대로의 자기 모습에 긍정적인 태도를 갖는 것이다. 사회가 정한 획일적 미의 기준을 버리고, 남의 눈이 아니라 자기 스스로 당당하고 아름답게 여기자는 것이다.

펭수의 활동 초기에는 한동안 외모 논쟁이 계속됐다. 그동안 인기 캐릭터들은 귀엽고 친근한 외모를 가졌고, 미소 띤 밝은 이미지가 보편적이었다. 하지만 펭수는 기존의 이런 공식과는 일치하지 않았다. 이것을 두고 못생겼다거나, 비호감이라고 지적하는 사람들이 있었다. 이들은 펭수의 눈에서 검은자위가 아주 작고 흰자위의 비율은 큰 것을 두고 무섭다고 말한다. 펭수의 팔(날개)다리가 너무 짧다거나, 웃는 표정이 비웃는 것처럼 보인다거나, 귀엽지 않아서 애들이 보기에 부담스럽다거나 하는 이들도 있다. 하지만 이런 지적에도 펭수는 당당하다. 아예 이런 이야기를 무시해 버리기도 한다. 이것이 펭수가 가진 중요한 태도다. 세상 모든 생명은 그 자체만으로도 귀하고 멋진 존재지 누군가와 비교되며 지적당할 존재가 아니다. 미디어가 주입한 날씬한 몸매에 완벽한 피부, 예쁘고 멋진 모습을 미의 기준으로 삼으면 대부분의 사람들이 이 기준에 충족하기 어렵다. 그 누구도 상대의 외모나 스타일에 대해 함부로 평가할 자격은 없다. 외모를 비교하고 평가하는 순간 차별과 인신공격이 될 수 있다. 외모는 각자가 가진 개성이고, 존중받아야 할 다양성일 뿐이다. 보디 포지티브가 중요한 화두가 된 것도 이런 이유 때문이다. 인종, 성별, 외모 등 타고난 것을 지적하고 건드리는 것은 가장 비열한 짓이다.

비정상이 오래되면 그것이 문제라는 사실조차 잊어버려 결국 무엇이 정상인지 알 수 없게 된다. 과거에는 직원을 채용할 때 '용모 단정'이란 말을 내세웠고, 실제로 외모가 중요한 채용 기준이 되기도 했다. 시대가 바뀌어서 과거의 비정상을 정상으로 바꾸려는 인식이 활발해졌지만 여전히 과거의 관성에서 벗어나지 못한 이들이 있다. 옷은 어떻게 입어야 한다, 화장은 해야 예의다, 살을 빼라 같은 폭력적인 말로 부하 직원의 외모를 평가하는 상사들이 아직도 존재한다. 이것은 지위가 높거나 나이가 많다고 함부로 갑질하는 것과 다를 바 없다. 솔직히 부하 직원의 외모와 스타일을 지적하는 상사들의 외모나 스타일은 어떤가? 외모 평가는 사적으로 친한 사람끼리도 아주 조심해야 할 이야기인데, 직장에서 만난 선후배나 업무상으로 만난 관계에서는 더더욱 허용되어서는 안 된다. 직장은 일하는 곳이지 결코 외모를 평가받는 공간이 아니다. 간혹 예쁘게 입고 온 후배의 외모를 칭찬하는 것이 문제될 게 있느냐고 묻는 사람들도 있지만 가급적 상대의 외모에 대한 이야기는 꺼내지 않는 것이 예의다. 칭찬으로 한 말이라도 상대가 기분 나쁘게 받아들일 수도 있고, 성희롱이 되기도 하기 때문이다. 제발 외모 이야기 빼놓고는 할 이야기가 없는 사람처럼 굴지 말자. 남의 외모 지적할 시간에 자신을 먼저 돌아보자. 그 어떤 누구도 함부로 상대의 프라이버시를 건드릴 권리는 없다.

그동안 권력을 가진 남성들이 주도하던 한국 사회에서는 여성들에게 외모 관리가 의무처럼 강요되었다. 화장법, 헤어스타일링, 몸매 관리 등이 여성스러움을 판단하는 기준이 되었고 외모 관리가 암묵적 의무처럼 여겨졌다. 비서라고 하면 젊고 예쁜 여성을 떠올리는 사람들이 많은데, 우리 사회에 만연한 외모지상주의와 성차별을 보여주는 단적인 예다. 남성으로부터 좋은 평가를 받기 위해 여성이 '꾸밈 노동'에 매진하는 사회에서는 성평등이 불가능하다. 결국 성평등을 위해서는 제도 개선 이상으로 사회 구성원의 태도와 생각 변화가 중요하다.

탈脫코르셋은 여성 스스로의 자각을 의미한다. 미국에서는 탈코르셋 운동이 1960년대부터 있었다. 1968년 9월 미스아메리카 대회가 열리던 시기에 400여 명의 여성들이 '자유의 쓰레기통'에 치마와 속옷, 인조 속눈썹 등을 버리는 퍼포먼스를 벌였다. 그 이후에도 많은 사람들이 여성을 상품화하는 미인 대회를 거부하며 다양한 탈코르셋 운동을 펼쳤다. 그리고 결국 미스아메리카 대회는 대회가 시작된 지 98년 만인 2018년부터 성 상품화와 성적 대상화 논란의 주범이었던 수영복 심사와 이브닝드레스 심사를 폐지하기로 결정했다. 지난 한 세기 동안 바뀌지 않던 것이 최근에서야 바뀐 것이다. 미국에서 탈코르셋 운동이 이슈가 된 1968년을 기준으로 하더라도 50년 만의 변화다. 이러한 변화는 미스아메리카 대회를 외모 평가가 중심이 되는 미녀 선발 대회가 아니라 여성의 역량을 평가하는 대회로 전환하는 계기가 되었다. 한국에서는 2018년이 되어서야 보디 포지티브와 탈코르셋이 화두로 떠올랐고, 2019년부터 서서히 확산되기 시작했다.

패션과 뷰티업계 마케팅에서도 보디 포지티브와 탈코르셋이 활발히 전개되고 있다. 이것은 소비자의 가치관 변화에 따른 기업의 태도 변화를 의미한다. 점점 패션업계에서는 다양한 인종과 연령의 모델을 고용하는 추세이며, 마르고 9등신의 비율을 지닌 모델 대신 친근한 신체 사이즈의 일반인 모델이 등장하는 광고와 화보를 선보이고 있다. 뷰티업계도 예뻐져야 한다는 강박 같은 메시지에서 벗어나 내면의 성장과 꿈에 대한 도전을 강조하고, 남에게 예뻐 보이는 것이 아니라 자기 자신이 만족하는 것이 뷰티라는 메시지를 내세우고 있다. 여성스러움의 상징처럼 여겨졌던 항공사 승무원의 복장 규제도 완화되기 시작했다. 티웨이항공은 객실 승무원 헤어스타일 규정을 폐지했고, 활동의 편의성을 고려해 여성 승무원이 바지 유니폼도 입을 수 있게 했다. 제주항공은 안경 착용을 허용했다. 콘택트렌즈를 착용하는 승무원들이 야간 비행 후 눈의 피로와 질병을 호소하는 경우가 많았기 때문이다. 항공업계뿐 아니라 방송국에서도 안경 쓴 여자 아나운서들이 속속 등장하고 있다. 생각해 보면 그동안 우리는 여성에게 안경조차도 쉽게 허용하지 않는 끔찍한 사회에 살고 있었던 것이다.

구체 관절 인형의 대명사인 '바비 인형'은 금발에 하얀 피부, 9등신의 날씬한 몸매를 가지고 있다. 여자아이들이 주로 가지고 노는 세계에서 가장 유명한 인형이지만 비현실적으로 마른 몸매, 백인 우월주의, 과도한 섹시함 등 그동안 많은 논란을 야기했다. 하지만 제조사 마텔은 흑인 바비 인형을 출시한 이후부터 변화를 보여 주기 시작하더니 아시안, 히스패닉 등 다양한 인종과 국적의 바비를 만들었고 2016년에는 통통한 바비, 키 작은 바비, 키 큰 바비 등 다양한 체형의 인형을 만들었다. 더 나아가 2019년에는 의속을 한 바비, 휠체어를 탄 바비 그리고 젠더 뉴트럴 바비까지 만들었다. 바비가 인종 다양성과 성별 다양성을 모두 충족하는 인형으로 변화한 셈이다. 바비 인형은 1959년에 처음 나왔으니 이미 환갑을 넘었다. 사람이 나이가 들면 생각도 깊어지고 책임감도 늘어나는 것처럼 바비 인형 역시 달라진 것이다.

국민들의 외모와 스타일에서 개성이 드러나지 않는 나라 중

완구 회사 마텔은 2016년 통통한 바비, 키 작은 바비, 키 큰 바비를 출시한 데 이어 2019년에는 의족을 한 바비, 휠체어를 탄 바비, 젠더 뉴트럴 바비까지 만들었다.

하나가 한국이다. 뭐 하나가 유행하면 대다수의 사람들이 그것을 따라 할 정도로 유행에 민감하다. 성형 수술에서 가장 권위 있는 나라이며 화장품과 패션의 나라이기도 하다. 하지만 그 배경에 외모지상주의와 외모 차별 의식이 자리하고 있다는 것을 생각하면 그다지 자랑스러운 일이 아니다. 펭수가 스스로의 외모를 완벽하다고 말하고 자신의 스타일에 당당한 것은 보디 포지티브 트렌드를 반영하는 것이자, 과거의 관성에 대한 저항이기도 하다. 미美에 대한 획일적 기준과 외모 차별주의를 넘어서는 일은 안티 꼰대만큼이나 중요한 시대의 요구기도 하다.

나이로 세대를 구분 짓지 않는 시대가 온다

'펭년배'라는 말이 있다. 어린이든 중장년이든 펭수를 좋아한다면 모두가 펭수와 동년배라는 뜻이다. 한국 사회는 나이를 중심으로 하는 서열화가 그 어느 나라보다 강력하다. 한 살만 많아도 선배 대접을 받으려 들고, 나이를 기준으로 어른이냐 아니냐를 정하기도 한다. 사실 어른은 결혼한 사람이나 나이 많은 사람이란 의미 외에도 '책임지는 사람'이란 의미도 있다. 하지만 한국 사회에서는 나이가 어린이와 어른을 구분 짓는 가장 결정적 기준으로 작용했다. 2020년 4월 국회의원선거부터는 만 18세에게도 투표를 할 수 있는 선거권이 부여된다. 덕분에 53만 명의 유권자가 늘어나게 되었다. 그동안 한국은 OECD 국가 중 유일하게 만 19세가 넘어야 선거할 수 있는 나라였다. 게다가 2005년 이전까지는 만 20세가 되어야 선거할 수 있었다. 한국은 오래전부터 입대, 혼인, 8급 이하 공무원 응시 연령 등의 기준이 만 18세였다. 병역, 납세, 근로 등 주요 의무 기준은 18세부터였지만 선거에 대한 권리는 주지 않았던 셈이다. 이유는 고등학생이기 때문이다. '학생이 뭘 알겠냐'며 주권 행사를 제약한 셈인데, 이 또한 구시대적 발상이다. 과연 OECD 국가들이 무책임한 포퓰리즘으로 18세에게 선거권을 준 것일까? 한국이 다른 국가들처럼 선거 가능 연령을 조정하지 않았던 것은 정치권에서 정당 간 이해관계, 즉 표를 둘러싼 계산에서 유불리를 따지다가 계속 미뤘기 때문이다.

참고로 2014년 노벨평화상 수상자인 세계적 인권 운동가 말랄라 유사프자이Malala Yousafzai는 수상 당시 17세였다. 2019년 노벨평화상의 유력 후보였던 세계적 환경 운동가 그레타 툰베리는 현재 17세다. 툰베리는 결국 노벨평화상은 수상하지 못했지만《타임》이 선정한 2019년 올해의 인물에 뽑혔다. 역대《타임》의 올해의 인물이었던 사람으로는 마크 저커버그(2010), 버락 오바마 (2008, 2012), 프란치스코 교황(2013), 에볼라 치료 의료진(2014), 앙

© JStone by Shutterstock

2014 노벨평화상 수상자인 인권 운동가 말랄라 유사프자이는 1997년생이다.

겔라 메르켈(2015), 도널드 트럼프(2016) 등이 있다. 만약 툰베리가 한국에서 태어났더라면 '애들이 뭘 알아'라는 이야기를 주로 들었을 것이다. 그만큼 우리는 '나이'라는 견고한 벽에 갇혀 있었다. 이것이 금이 가기 시작한 것은 최근의 일이다.

펭수를 지지하는 사람들 중 2030세대가 많은 것은 이들이 이런 나이 서열화의 폐해를 가장 많이 겪고 있는 사람들이기 때문이다. 하지만 이것은 2030세대뿐 아니라 모든 연령대에서 겪고 있는 문제기도 하다. 나이가 서열화된 한국 사회에서는 상대적으로 나이가 적은 사람이 약자가 될 수밖에 없다. 이런 이유 때문에 사회 전반에서 유연성, 다양성, 창의성이 부족하고 획일성과 사고의 경직성에 빠져 있다는 것을 기성세대도 잘 알고 있다. 하지만 본인들이 직접 나서서 이것을 깰 궁리를 하지 않고 다음 세대에게 미루기만 했다. 이미 나이 서열화의 관성에 빠져 있는 그들로서는 이 문제 앞에서 이성적이고 논리적이기 어려웠던 것이다.

> 나이가 중요한 게 아니고, 어른이고 어린이고가 중요한 게 아닙니다. 이해하고 배려하고 존중하면 되는 거예요.

펭수가 〈중앙일보〉와의 인터뷰 중에 한 이 말은, 나이 서열화와 꼰대 논쟁을 한마디로 정리한 메시지다. 펭수는 자기 소신을 당당하게 밝히고, 거침없이 발언하는 캐릭터로서는 나이가 어리다. 그럼에도 불구하고 펭수가 사장이나 장관, 나이 많은 어른들에게 당당하게 말해도 한국 사회가 받아들이는 것은 사람이 아니라, 펭귄이기 때문이다. 실제 열 살짜리 어린이가 그런 행동을 했다면 크게 혼나거나 반발을 샀을 것이다. 처음에는 펭수에게도 무례하다는 비판이 있었고, 펭성(인성) 논란이 제기되기도 했다. 하지만 펭수는 동물이자 가상의 캐릭터이기에 대중들이 좀 더 너그럽고 유연한 시선으로 바라봐 주었다.

나이를 기준으로 서열화하는 문화에 오랫동안 익숙해져 왔던 우리에게 나이는 그냥 숫자가 될 수가 없다. 과연 앞으로 나이 서열화 문화가 어느 정도까지 무너질 수 있을지 지켜보는 것도 흥미로운 일이다. 대다수의 사람들이 나이 서열화의 폐해를 알고 있고 고쳐야 한다고 생각하지만 그동안은 계속 미루기만 해 왔다. 하지만 더 이상 미룰 수는 없다. 펭수를 바라보는 유연한 시선으로 우리 사회를 바라볼 때다.

한국인이 좋아하는 '동방예의지국'이란 호칭은 중국 왕조에서 부여한 말이다. 과거 중국에 우리는 동이東夷(동쪽에 있는 오랑캐)였다. 중국 역사상 서융西戎, 남만南蠻, 북적北狄은 다 중국을 침략하고 싸웠지만, 동이는 유독 중국을 대국이라 칭하며 속국처럼 굴었다. 조공을 갖다 바치고 예를 다했는데, 중국 입장에서는 예의겠지만 우리 입장에서는 굴욕이다. 중국은 자신들에게 조공을 바치지 않는 일본에 우리를 예로 들면서, 동방예의지국을 본받아서 일본도 조공을 바치라고 요구하기도 했다. 그리고 일본 역시 중국에 조공을 바치기 시작한 1372년부터 수례지방(예의를 지키는 나라)이라는 칭호를 받았다. 이런 식의 예의는 결코 인간적인 예의가 아니라 권력에 대한 복종일 뿐이다. 한국 사회에서는 나이가 권력이 되다 보니 우리는 나이를 기준으로 윗사람과 아랫사람으로 나누고, 존댓말과 반말을 쓰고, 지시와 복종을 당연하게 여긴다. 이제 이런 식의 구분은 그만둘 때가 되었다. 나이 서열화가 사라진다고 예의가 사라지는 것은 아니다. '나이는 숫자에 불과하다' 말만 하지 말고, 나이의 의미를 실제로 축소시켜야 한다. 나이는 사회적 역할이나, 가치, 인격, 능력과는 전혀 무관한 요소다.

그동안 나이가 많다는 이유로 후배에게 밥 사고, 술 사느라 애쓴 선배들이 많다. 지갑을 잘 여는 것이 선배의 미덕이라 여겼던 사회에서 선배는 후배에게 돈을 쓸 수밖에 없다. 그런데 이것이 정말 선의의 행동이기만 할까? 아니다. 선배가 권위를 가지는 대가로 후배에게 돈을 쓴 셈이다. 직장에서도 상사가 밥을 사고 술을 사면, 그냥 밥과 술만 사는 게 아니다. 잔소리도 하고, 자신의 권위도 내세운다. 얻어먹는 사람들도 암묵적으로 받아 준다. 꼰대 논쟁이 확산되고, 나이 서열화가 무너질수록 선후배의 관계 설정도 달라져야 한다. 선배와 후배라는 단어가 지니는 의미도 작아질 수밖에 없다. 누가 누구보다 우위에 있고, 누가 누구를 이끌고 하는 것도 집단주의에서나 통하는 개념일 뿐이다. 끈끈함이 미덕이던 한국 사회가 느슨한 연대로 거듭나고 있다. 직장이든, 학교든, 심지어 가족이든 끈끈한 연대 대신 느슨한 연대를 선택하는 이들이 늘고 있다.

세대는 주로 나이를 기준으로 구분한다. 태어나고 자란 시기에 따라 서로 다른 사회·정치·경제·문화적 환경에 영향을 받고 이것이 가치관과 라이프스타일에 영향을 미치기 때문이다. 그런

데 요즘은 세대를 구분하는 데 나이의 역할이 점점 줄어들고 있다. 친구가 되는 데 나이가 중요한 기준이 아니듯, 앞으로는 세대를 나누는 데 나이가 아니라 비슷한 취향과 가치관, 라이프스타일을 가진 사람들의 코호트Cohort(특정 경험을 공유하는 사람들의 집체) 개념이 중요해질 것이다. 나이로 세대를 구분하고, 세대 차이를 활용해 이해관계를 만들어 내고, 이러한 이해관계를 비즈니스에 활용하는 것이 과거에는 아주 효과적이었지만 이제는 점점 그 효과가 떨어지고 있다. 같은 나이, 또래라도 서로 다른 취향이나 가치관을 가지기도 하고, 같은 현상이나 문제에 각각 다르게 반응하는 경우도 많아졌다. 국적이나 연고의 의미도 점점 줄어들고 있는데 전 세계가 서로 연결된 초연결 사회기 때문이다.

그동안의 어린이용 콘텐츠는 뭔가를 자꾸 가르치려 들었다. 결코 어른과 어린이를 동등하게 보지 않았고, 어린이를 통제하고 가르쳐야 할 대상으로 여겼다. 어린이용 콘텐츠에 대한 우리의 관성 중 하나가 '교육적'이어야 한다는 강박이다. 어린이를 동등한 인격체로 보기보다는 나약하고 부족한 존재로 취급한다. 콘텐츠를 제작할 때 어린이를 잘 보살피고 성장하도록 해야 한다는 관성이 개입되다 보니 어린이용 콘텐츠를 어린이들이 좋아하시 않는 것이다. 실제로 어린이들이 즐겨 보는 콘텐츠는 성인을 대상으로 하는 TV 예능 프로그램이거나 유튜브 콘텐츠다. 이런 콘텐츠는 시청자를 가르치려 들지 않고 즐거움을 주는 것에만 집중한다. 〈자이언트 펭TV〉는 EBS의 키즈 콘텐츠 카테고리에 있다. 하지만 기존의 키즈 콘텐츠와는 조금 다르다. 어린이 교양 예능을 지향하지만 '교양'보다는 '예능'에 더 많은 비중을 둔다.

〈자이언트 펭TV〉 공식 웹사이트의 프로그램 소개 중 "개성이 강점이 되는 크리에이터가 보고 싶은 곳은 모두 가 보고, 해 보고 싶은 것도 모두 해 본다."라는 메시지가 펭수의 캐릭터와 세계관을 잘 보여 준다. 이것은 기존의 성인용 예능 콘텐츠가 지향하는 바와도 비슷하다. 〈자이언트 펭TV〉는 현장 중심의 버라이어티 콘텐츠기 때문에 스튜디오 중심의 기존 어린이 프로그램에 비해 제작비도, 제작진도 훨씬 많이 투입된다. 다시 말해 기존의 관성에서 벗어나 새로운 방식과 과감한 투자가 필요한 프로그램이다. 〈자이언트 펭TV〉 제작진이 리스크를 감수하고서 모험적 도전을 한 이유는 기존의 방식으로는 성공할 수 없다는 것을 알았기 때문이다. 제작진은 어린이가 외면하는 어린이용 콘텐츠는 의미가 없으며, 어린이가 좋아하는 콘텐츠는 어른도 좋아할 수 있다고 생각했을 것이다. 그 결과 〈자이언트 펭TV〉는 초등학생용 교양 예능에서 한 걸음 더 나아가 아이와 어른 모두가 볼 수 있는 종합 예능을 지향하게 되었다. 펭수를 어른들이 좋아하는 것이 전혀 이상한 일이 아니다. 어린이가 어른용 예능 콘텐츠를 보는 것은 괜찮고, 어른이 어린이용 콘텐츠를 보는 것만 특이한 일인가? 보편적 재미를 추구하는 예능 프로그램에서 나이의 벽은 없다.

펭수의 행보를 보면 EBS와 유튜브만 넘나드는 것이 아니다. 다른 방송사 프로그램에도 출연하고, 이모티콘도 출시하고, 에세이 다이어리도 내고, 굿즈도 만드는 등 영역을 확장해 간다. 펭수가 만들어 낼 콘텐츠 비즈니스와 캐릭터 비즈니스는 이제 시작이다. 콘텐츠 크로스오버Cross Over는 형식과 장르만 넘나드는 게 아니라, 타깃층도 넘나든다. 엄밀히 말해 콘텐츠를 제작하는 데 있어 나이를 기준으로 타깃층을 구분하는 것은 점점 의미가 퇴색된다.

앞으로는 나이 차이보다는 취향과 라이프스타일의 차이가 세대를 구분하는 더 중요한 기준이 될 것이다. 나이가 몇인지, 성별이 무엇인지는 비즈니스 기획이나 마케팅에서 점점 영향력을 잃어 가는 기준이다. '펭년배'의 등장은 단지 나이를 초월해 모두가 펭수를 좋아하고 펭수 세계관을 지지한다는 의미일 뿐만 아니라, 나이로 세대를 구분 짓는 관성에 금이 갔다는 시대적 변화를 보여 주는 증거다. 나이와 상관없이 지금 시대에 맞는 시대정신이 무엇인지를 알고 있는 사람들이 많아졌다는 것은 펭수가 확인시켜 준 우리 사회의 변화다. 펭수가 한국 사회를 바꾸었다기보다 한국 사회가 변화하고 있다는 증거를 확인시켜 주었고, 무엇이 시대 진화의 티핑 포인트인지 짚어 주었다고 하는 표현하는 것이 더 적확할 것이다.

펭수가 퍼뜨린 인생관 "다 잘할 순 없어요"

뭐든 다 잘하는 것이 정상일까? 그동안 한국 사회는 구성원 모두에게 명문대를 가고, 높은 연봉을 받고, 사회적으로 성공해야 한다는 강박을 심어 줬다. 아이들에게는 착하고 똑똑한 모범생이 될 것을, 청년들에게는 진취적이면서도 시스템에 순응하는 어른이 될 것을 요구했다. 한국 사회에서 좋은 부모란 자식도 잘 키우고 돈도 잘 버는 사람, 좋은 자식이란 공부 잘 하고 부모에게 효도하는 사람을 의미했다.

명문대를 못 가면 실패자인가? 돈을 많이 못 벌고 내 집이 없으며 큰일이라도 나는가? 과연 모두가 성공한 인생을 사는 것이 가능할까? 불가능하다. 설령 모두가 성공한다고 하더라도 절대 평가가 아닌 상대 평가를 중요시하는 한국 사회에서는 상대적 가난과 박탈감을 겪을 수밖에 없다. 경제 수준은 세계 10위권이지만 OECD 국가 중 자살율이 1위이고, 삶의 질이나 행복지수가 경제력에 비해 형편없이 떨어지는 것은 생각해 봐야 할 문제다. 우리는 무엇이든 잘해야 한다는 강박 관념과 함께, 남들과 비교해서 우위에 서는 것을 인생의 목표처럼 여긴다. 이런 사회에서 행복하기란 하늘의 별 따기다.

다 잘할 순 없어요. 펭수도 달리기는 조금 느립니다. 하나 잘 못한다고
너무 속상해하지 마세요. 잘하는 게 분명 있을 겁니다. 그걸 더 잘 하면
돼요.

<자이언트 펭TV> '펭수의 얼어 죽을 고민상담소' 중에서

여러분! 근데 이것도 참 어려운 거예요. 힘든데 힘내라 이것도 참 어려
운 거거든요. 내가 힘든데, 힘내라고 하면 힘이 납니까? 아니죠. 그러
니까 힘내라는 말보다 저는 '사랑해'라고 말해 주고 싶습니다. 여러분
사랑합니다. 펭러뷰!

2019년 10월 15일 <중앙일보> 영상 인터뷰 중에서

    펭수의 어록을 보면, 2030세대가 왜 펭수를 좋아하는지를 알
수 있다. <자이언트 펭TV> 제작진은 대부분이 20대 중반에서 30대
중반이다. 이들 또래는 취업난도 겪었고, 무능한 기성세대가 이런
현실에 대한 해결책을 주지 못한 채 값싼 위로만 하는 상황도 겪었
다. 금수저 흙수저 논쟁의 중심이 되기도 했고, 불안하고 불투명한
미래 앞에서 좌절과 상실을 겪기도 했다. 제작진이 또래인 2030세
대에게 느끼는 보편적인 감정이 펭수가 전하는 위로 속에 녹아든
것이다.
    사실 펭수의 명언은 2030세대 대부분이 공감하는 내용이지만

그렇다고 아주 특별하고 새로운 메시지는 아니다. 다만 기성세대가 말하던 메시지와는 큰 차이가 있다. 그것은 펭수의 세계관이 기성세대식 인생관이 아니라 2030세대의 보편적 인생관을 바탕으로 하기 때문이다. 2030세대가 펭수의 어록을 되뇌고, 유행어처럼 퍼뜨리는 것은 자신들의 현재 모습이나 인생관이 기성세대가 평가하는 것처럼 실패가 아니라는 것을 이야기하고 싶기 때문이기도 하다.

기성세대는 겉 다르고 속 다른 경우가 많았다. 분명 현존하는 법 제도는 그들 스스로가 정한 것임에도 불구하고, 그것을 깨는 자신의 모습을 부끄러워하지 않고 잘못되었다고 여기지 않는 이들도 많았다. 그런 사람들은 타인에게는 정도正道를 요구하지만 정작 자신들은 편법을 능력이라고 여긴다. 겉으로는 성인군자처럼 굴지만 인종 차별, 남녀 차별, 빈부 차별을 서슴지 않고, 외모지상주의나 물질만능주의에도 깊이 빠져 있다. 이런 사람들이 어른인 양, 성공한 윗사람인 양 어떻게 살아야 한다는 식으로 위선을 떨며 이야기하는 인생관을 2030세대가 호의적으로 받아들일 수 있을까? 그러니 2030세대로서는 기성세대의 인생관이 아닌 자신들의 인생관이 필요했다. 기성세대식 성공과는 다른 새로운 성공이 필요했고 그 속에 개성과 취향, 솔직함과 자기만족이 중요한 요소로 부각되었다.

펭수의 어록 중에 "취향은 사람마다 다른 거니까 취향은 존중해 주길 부탁해.", "화해했어요. 그래도 보기 싫은 건 똑같습니다.", "눈치 보지 말고 원하는 대로 살아라. 눈치 챙겨.", "부정적인 사람들은 도움이 안 되니 긍정적인 사람들과 이야기하세요." 등이 바로 2030세대의 인생관에 해당하는 메시지다. 이런 메시지에 2030세대가 반응하는 것은 2019년 출판 시장의 주요 트렌드였던 '오나나나'와도 연결된다. 교보문고가 '오롯이 나를 향한, 나에 의한, 나를 위한 삶'을 줄여 '오나나나'로 명명했는데, 실제 2019년 연간 교보문고 베스트셀러 1위가 소설가 김영하의 《여행의 이유》, 2위가 혜민 스님의 《고요할수록 밝아지는 것들》, 3위가 김수현 작가의 《나는 나로 살기로 했다》였다. 이는 최근 몇 년간 2030세대가 공감하는 에세이가 열풍처럼 쏟아진 것과도 같은 맥락이다. 《하마터면 열심히 살 뻔했다》, 《죽고 싶지만 떡볶이는 먹고 싶어》, 《오늘은 이만 좀 쉴게요》, 《지쳤거나 좋아하는 게 없거나》, 《곰돌이 푸, 행복한 일은 매일 있어》, 《곰돌이 푸, 서두르지 않아도 괜찮아》, 《빨강 머리 앤이 하는 말》 등 공감과 위안을 전하는 힐링 에세이는 수년째 출판 시장에서 강세다. 사실 이런 에세이 속 메시지와 펭수 어록은 맥락이 무척 비슷하다. 2030세대가 수년째 소비해 왔던 메시지이자, 그들 사이의 공감대기 때문이다.

기성세대의 인생관에 반발하는 2030세대는 처음에는 작은 사치와 여행에 투자하는 경험 소비를 하며 취향을 심화하고 과시하는 데 집중했다. 그러다가 점차 자기 자신의 중심을 잡거나 자신이 진짜 무엇을 원하는지 탐구하는 것으로 관심사를 확장하기 시작했다. 즉 초기에는 물질적·경험적 소비로 기성세대와 차별화를 두는 것이 밀레니얼 세대의 인생관이었다면, 지금은 인생의 선반적인 방향이 자기 자신이 기준이 되는 삶으로 변화하고 있는 듯보인다.

최근 한국 대중문화에서 가장 중요한 코드 중 하나가 B급 감성이다. 멋진 척, 잘난 척하지 않고 있는 그대로의 모습을 가식 없이 솔직하게 드러내는 B급 감성을 지지하는 이들이 늘어났다. 과거에는 B급 감성이 비주류 마이너 문화였지만 지금은 주류이고 메이저 문화가 되었다. 지상파에서 유튜브로 시청자들이 옮겨 가고, 대학교수나 권위 있는 전문가의 신뢰도도 크게 떨어졌다. 기업의 마케팅에서도 특이하고 재미있는 B급 감성이 보편화되었다. 도대체 왜 B급 감성이 팔리는 시대가 된 걸까? 그것은 그동안의 한국 사회가 너무 잘난 척하며 살아왔기 때문이다. 남들보다 똑똑한 척 목에 힘을 주고, 부자인 척 명품으로 화려하게 꾸미고 외제차를 타며 과시했다. 힘들어도 힘들다고 말도 못 하고 아무렇지 않은 척, 잘나가는 척 버티는 이들도 많았다. 기성세대에게는 그게 인생을 살아가는 처세술이었다. 하지만 2030세대는 가장 먼저 그런

가식을 버리고 있다. 타인과의 비교에서 우위에 서려고 애쓰지 않고 자신에게 솔직해지면 좀 더 행복해진다는 것을 깨달았기 때문이다.

그동안의 사람들은 자기보다 잘난 사람에게만 열광했다. 돈, 지위, 외모, 나이, 학력이 행복을 판단하는 기준이었다. 하지만 2030세대는 자신에게 솔직하고 자기가 하고 싶은 일에 과감히 도전하는 사람들에게 열광한다. 자신과 타인을 비교하지 않고 자신만의 인생을 살아가는 이들에 대한 '리스펙트'다. 이것은 성공을 바라보는 관점의 변화로 이어진다. 더 이상 부와 지위는 성공의 절대 요소가 아니다. 자신이 만족하는 삶이면 그 또한 성공인 것이다. 성공이냐 아니냐는 타인이 평가하는 것이 아니라 자신이 판단하기에 달렸다. 자기 인생이기에 그 평가도 자신만이 내릴 수 있다. 이렇게 되면 모두가 성공적인 인생을 살고, 행복해질 수 있다. 타인과의 비교를 통해 사회적 성공 기준을 가늠하던 시대에는 모두가 행복해지고, 모두가 성공하는 것이 불가능했지만 타인과의 비교를 멈추는 순간 인생의 주도권을 가질 수 있게 된다.

〈자이언트 펭TV〉가 구독자 200만 명을 돌파하며 밝힌 구독자의 성비는 여성이 61.3퍼센트, 남성이 38.7퍼센트였다. 구독자 수 100만 명 돌파 시점의 성비인 여성 65.1퍼센트, 남성 34.9퍼센트와 비교해 보면 남성의 성비가 조금 올라갔다. 물론 여전히 구

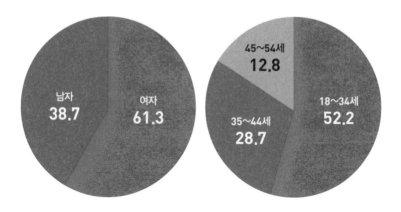

출처: 〈자이언트 펭TV〉(2020.1.26)

독자 중 여성 비율이 훨씬 높다. 200만 구독자 중 연령별 비율은
18~34세가 52.2퍼센트, 35~44세는 28.7퍼센트, 45~54세는
12.8퍼센트 비율로 나타났다. 100만 명 시점에서 18~34세가 64.8퍼
센트였던 것과 비교했을 때, 기성세대의 유입이 크게 늘었음을 알
수 있다. 그럼에도 펭수의 팬층은 여성, 그리고 2030세대가 주를
이루는 것은 변함이 없다. 나이 차별, 성 차별이 있는 한국 사회에
서 상대적 약자에 해당하는 청년과 여성에게 유독 펭수가 사랑받
는다는 것은 우연이 아니다.

자본주의자 펭수가 계속 사이다 캐릭터로 남을 수 있을까?

가진 것 없던 펭수가 가진 게 많아졌다. 불과 1년도 안 돼서 흙수저에 도전자였던 펭수가 슈퍼스타가 됐다. 연간 모델료 7억 원 수준의 CF 모델이 되었고, 모델료 10억 원 돌파도 무리가 아닌 듯 보인다. 10억 원이면 광고계의 대표 파워 모델이자 스테디셀러인 전지현, 김연아와 동급이다. 김연아는 전성기 때 광고 한 편당 연간 10~14억 원을 받았는데, 은퇴한 이후에도 10억 원 정도를 유지하고 있다. 전지현은 2014년 드라마 〈별에서 온 그대〉의 인기로 그해에만 25편의 광고를 찍어 200억 원 이상 수익을 올렸다. 꾸준히 다수의 광고를 찍으며 매년 100~200억 원의 광고 수익을 거두는 전지현은 걸어 다니는 중소기업이라 해도 과언이 아니다. 김연아는 10년 넘게, 전지현은 거의 20년 가까이 광고계에서 가장 각광받는 스타 모델이다. 2019년 광고업계의 다크호스 중 하나가 축구선수 손흥민이었다. 손흥민의 광고료는 6개월 전속 5~6억 원 정도로 알려졌고, 샴푸, 면도기, 아이스크림 등 상당히 많은 광고를 찍었다. 손흥민의 모델료도 연간 10억 원 수준이다. 펭수가 동경하는 BTS의 광고 모델료는 연간 30억 원 선으로 추정된다.

펭수의 모델료는 결국 펭수의 광고 효과에 대비해서 책정하게 될 것이다. 2020년 펭수의 활동에 따라서 김연아, 전지현, 손흥민에 비견할 광고 모델이 될 수도 있다. 이것은 정말 엄청난 일이다. 몇 달 사이 황금알을 낳는 펭수가 되어 버렸다. 우리는 그를 '자본주의자 펭수'라 불러야 할지도 모른다.

주거 난민이란 표현까지 쓸 정도로 2030세대에게 주거 문제는 아주 심각한 사회 문제에 해당한다. 펭수도 처음에는 EBS 소품실 한구석에서 사는 무주택자였다. 하지만 펭수에게 집이 생겼다. 포스코에서 일산 EBS 사옥 로비에 펭수의 집을 만들어 준 것인데, 엄밀히 말하면 포스코와 펭수의 컬래버레이션이자, 포스코를 홍보하는 상업적 프로젝트다. 포스코는 특수 철강제 포스맥을 가공해 골조를 올렸고, 자사 브랜드 이노빌트의 건설자재를 적용해 한 달 간의 제작 기간에 걸쳐 '펭숙소'를 만들었다. 펭수가 한국에 온 지 1년도 안 돼서 자기 집을 갖게 된 것이다. 집은 누구에게나 중요하다. 비싸고 좋은 자산을 보유한다는 의미에서가 아니라, 안정적 주거의 차원에서 중요하다. 집은 누구에게나 필요한 가장 기본적인 생존 기반이다. 하지만 한국 사회에서는 모두에게 집이 허락되지는 않는다.

안티 꼰대의 대표 주자이자 당당히 옳은 말을 하던 펭수의 캐릭터가 앞으로도 유지되기 위해서는 펭수가 초심을 잃지 않아야 한다. 가진 것 없고, 이룬 것이 없을 때는 도전자의 입장이 된다. 하지만 가진 것도, 이룬 것도 많으면 방어자가 된다. 자신이 가진 것과 이룬 것을 유지하기 위해서라도 태도가 달라질 수 있다. 나이가 많아진다고 꼰대가 되는 게 아니듯, 지위가 높고 돈이 많다고 꼰대가 되는 것도 아니다. 하지만 우리는 그런 경우를 자주 보아 왔다. 부와 지위가 권력이 되어 시대정신보다는 자신의 이해관계를 위해 부당함에 눈감고, 옳고 그름에 대한 판단도 흐려지는 경우 말이다. 과연 이것은 어쩔 수 없는 일인가? 가진 것이 많아지고, 입장이 바뀌면 어쩔 수 없이 태도가 바뀌는 것이 정상인가? 그렇지 않다는 것을 펭수는 보여 줄 의무가 있다.

사실 펭수는 상업적 캐릭터다. 하지만 공영방송이자 교육방송인 EBS에서 상업성만을 추구하며 만들지는 않았을 것이다. 펭수는 2030세대에게 사랑을 받으며 슈퍼스타가 되었기에 2030세대와 우리 사회에 빚이 있다. 펭수가 잘해서 거둔 성과이기도 하지만 펭수만 잘해서 이룰 수 있었던 성과도 아니다. 우리 사회가 펭수를 선택한 것이다. 지금 시대의 2030세대가 펭수의 발언과 행동을 보며 펭수를 선택했다. 그렇기에 펭수는 초심을 잃어선 안 된다. 돈을 벌지 말라는 것이 아니다. 그 돈을 어떻게 벌고, 어떻게 쓰느냐가 더 중요하다.

2020년 1월, 골드만삭스의 CEO 데이비드 솔로몬David Solomon 이 다보스포럼에서 CNBC와 인터뷰를 하면서 흥미로운 결정을 발표했다. 골드만삭스는 2020년 7월부터 미국과 유럽에서 상장을 원하는 기업 중에 다양성을 가진 이사회 구성원이 한 명도 없을 경우에는 상장을 돕지 않겠다고 했다. 여기서 다양성이란 인종과 성별을 의미한다. 백인 남성으로만 구성된 이사회를 가진 기업은 돕지 않겠다는 의미다. 2020년에는 이사회에 여성 이사가 한 명 이상 포함되어야 하고, 2021년부터는 두 명 이상 포함되어야 한다. 실제로 골드만삭스가 분석한 자료에 따르면 지난 4년간 기업 공개IPO를 한 기업 중 이사회에 여성 멤버가 한 명 이상 있는 기업이 그렇지 않은 기업보다 성적이 더 좋았다고 한다. 그럼에도 불구하고 여전히 상장되는 미국과 유럽 기업 중에는 이사회 구성원이 백인 남성으로만 이뤄진 곳이 압도적으로 많고, S&P500 기업 중에서도 이사회에 여성 멤버가 한 명이라도 있는 경우는 5분의 1 정도에 불과하다. 골드만삭스가 성별, 인종 다양성을 가지지 않는 기업의 상장을 돕지 않겠다는 것은 어려운 결정이다. 기업의 상장을 돕는 것은 골드만삭스의 수익 사업이기 때문이다.

골드만삭스의 이사회 멤버 열한 명 중 네 명이 여성이다. 매년 신규 채용자의 성비는 5 대 5를 맞추려 하고 있고, 조직 내에서 인종, 성별, 국적 등 모든 다양성을 반영하고 있다. 골드만삭스는 투자은행이기에 가장 자본주의적인 기업이고, 돈이면 뭐든 하는 월스트리트 금융계의 상징과도 같은 회사다. 이제 투자회사에서도 사회적으로 문제가 있는 기업은 아무리 발전 가능성이 높은 회사라도 투자하려 들지 않는다. 그래서 대두된 것이 ESG 투자다. ESG 투자는 환경Environment, 사회적 영향Social, 지배구조Governance 등 기업의 비재무적인 요소를 중요하게 고려하는 투자를 가리킨다. 심지어 ESG 기준을 충족하더라도 군수, 주류, 담배, 도박 관련 사업을 하는 기업에 대해서는 투자를 기피하거나 더 까다롭게 진행한다. 기후변화에 대응하는 저탄소 정책, 사회적 책임을 이행하는 지속 가능한 비즈니스, 성별과 인종 다양성을 갖춘 지배구조 등이 중요한 요소가 되는 것은 시대정신과 함께 비즈니스 환경도 달라졌기 때문이다. 자본주의 최전선에 있는 기업들도 환경, 젠더, 윤리 같은 이슈를 중요하게 다룬다. 그들이 착해진 것이 아니라, 그렇게 하는 것이 지금 시대에는 당연하기 때문이다.

슈퍼스타가 된 펭수는 더 많은 이들에게 영향을 미친다. EBS 제작진이 펭수에게 설정한 세계관이 펭수가 스타가 되는 데 일조했다면, 펭수의 인기를 오래 지속하는 데는 펭수의 향후 행보가 무척 중요한 역할을 할 것이다. 자본주의자 펭수가 어떻게 초심을 지키며 시대정신을 실천하는지, 돈 앞에 한없이 무력화되지 않고 기업에도 속 시원한 모습을 보여 줄 수 있는지가 중요하다. 가진 것 없는 흙수저, 잃을 것 없는 도전자일 때는 사이다 캐릭터였다가 상황이 바뀌었다고 태도나 입장도 바꾼다면 곤란하다. 시대정신은 내가 돈을 잘 벌든 못 벌든, 내가 잘 나가든 못 나가든 바뀌지 않는다. 사이다 캐릭터는 말만 세게 지른다고 되는 게 아니다. 옳고 그름에 대한 기준이 시대정신에 맞아떨어져야 하고 보편타당해야 한다. 이해관계에 따라 옳은 것이 그른 것이 되기도 하고, 그른 것이 옳은 것이 되기도 한다면 그것은 단지 말만 잘하는 이중인격자일 뿐이다. 그런 모습은 그동안 기성세대에게서 많이 보아 왔다. 가식적이고 위선적인 이중성이 깨지는 데 펭수의 역할이 필요하다. 이것은 안티 꼰대의 대표 주자인 펭수에게 주어진 역할이기도 하고, 펭수가 2030세대에게 진 빚이기도 하다.

참치와 크릴새우의 불편한 진실 앞에 펭수는 왜 침묵할까?

펭수가 가장 좋아하는 음식은 참치다. 엄밀히 참치 캔이다. 처음 등장했을 때부터 이것을 강조하며 동원F&B에 러브콜을 보냈다. 유명해지기 전 펭수에게는 냉정했던 동원F&B도, 펭수가 스타가 되고 난 후에는 태도를 바꿔 펭수와 컬래버레이션한 '남극펭귄참치' 패키지를 출시했다.

실제로 가장 대표적인 펭귄의 먹이는 크릴새우다. 펭수도 남극에 있었다면 크릴새우를 먹었을 것이다. 아니 실제 펭귄이라면 참치를 먹을 일도 없을뿐더러 참치 캔은 더더욱 먹지 않을 것이다.

크릴새우는 황제펭귄과 흰긴수염고래의 주식이자, 물개나 남극 물고기들의 먹이다. 한마디로 크릴새우는 남극 먹이사슬에서 가장 중요한 기반이 되는 식량 자원이다. 하지만 크릴새우가 과거에 비해 80퍼센트 줄어든 상황이라고 한다. 크릴새우의 서식지인 빙하가 지구온난화로 감소했기 때문이기도 하지만, 인간의 무차별적 포획도 중요 이유 중 하나다. 요즘 홈쇼핑에 자주 나오는 상품 중 하나가 크릴새우로 만든 건강기능식품이다. 크릴새우는 오메가3, 필수아미노산, 단백질 분해 효소 등을 함유하고 있어서 최근 들어 건강기능식품이나 의약품의 재료로 각광받고 있다. 남극조약체제 ATS 산하 카밀라협약 CCAMLR (남빙양생물자원보존국제협약)으로 어획량을 제한하고 있지만, 협의 당사국에만 해당하는 장치여서 남획을 막기에는 한계가 있다. 크릴새우의 감소는 남극 동물의 생존을 위협하고 있고 펭귄의 개체 수 감소로도 이어진다. 펭귄들이 크릴새우를 대체할 먹이를 찾기 위해 더 먼 바다로 나가게 되면서 더 많은 위험에 노출되기 때문이다. 보양을 위해서라면 다른 동물들의 먹이까지도 빼앗아 먹는 인간의 욕심이 펭귄을 비롯한 남극 동물들을 사지로 밀어 넣고 있다.

참치 또한 남획의 대상이 되는 대표적 바나 생물 중 하나다. 참치의 소비량이 전 세계적으로 급증하면서 참치 원양 어업은 대자본이 참여하는 거대 산업이 되었다. 문제는 참치 남획이 참치의 개체 수 감소로만 그치지 않는다는 점이다. 참치를 잡을 때는 대개 바다 위에 아주 거대한 부유물을 띄워 놓는 집어장치FAD, Fish Aggregating Device 를 이용한다. 스티로폼을 비롯해 각종 잡동사니를 엮어 만든 집어장치를 해양 생물들이 그늘이나 피난처로 착각하고 모여들면, 이들을 먹이로 하는 상위 포식자들도 함께 모여들고, 결국 최상위 포식자인 참치까지 모여든다. 이 과정에서 참치뿐 아니라 상어나 바다표범 같은 멸종위기 생물을 비롯해 다양한 물고기들이 혼획되며, 상업적으로 판매가 되지 않더라도 그물에 걸린 수많은 해양 생물들이 죽음을 맞이한다. 이 규모만 최소 수십만 톤에서 수백만 톤에 이를 것으로 예상된다. 그래서 집어장치를 사용하지 않고 잡은 'FAD Free'라는 문구를 참치 캔에 표기하는 기업도 있다. 소위 '착한 참치'라고도 부르는데, 국내의 참치 선단이나 관련 기업은 이 부분에 여전히 소홀하다. FAD Free 여부를 적극적으로

© Sainsbury's

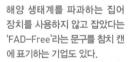

해양 생태계를 파과하는 집어
장치를 사용하지 않고 잡았다는
'FAD-Free'라는 문구를 참치 캔
에 표기하는 기업도 있다.

따지며 참치를 소비하는 소비자가 늘어난다면 달라질 문제기도 하다. 아울러 참치가 많이 나는 태평양 지역의 주민들에게 어업권을 보장하는 것도 중요한 요소다. 참치를 둘러싼 지속가능성이 더욱 중요해졌다.

한국인은 참치를 회로도 즐겨 먹고, 캔으로 상품화해 명절에

표15 나라별 '착한 참치 캔' 현황

국가	지속가능성 옵션	참여 업체	지속가능성 옵션 종류
영국	①②③④⑤	9개 (100%)	
오스트 레일리아	①②③④⑤	9개 (100%)	
뉴질랜드	①②③④⑤	5개 (100%)	① 해양보존구역 지지
캐나다	①②③④⑤	9개	② 지속가능한 어업 ③ 멸종 위기종 보호
미국	②④⑤	3개	④ 상세 정보 라벨링 프로그램
이탈리아	①②④⑤	2개	⑤ 지속가능성 정책
한국	없음		

출처: 〈2013 그린피스 참치 캔 지속가능성 순위〉, 그린피스 동아시아 서울사무소(2013)

선물할 정도로 좋아한다. 전 세계 참치 소비량 3위인 것이 이를 증명한다. 이에 반해 그린피스가 2012, 2013년 두 차례 발표한 착한 참치 캔 순위에서 한국의 참치 기업들은 모두 하위권이었고, 최하위도 한국 기업이었다. 어업의 지속가능성에 대한 문제의식도 개선 의지도 없었기 때문이다. 이후 2016년 동원산업은 지속가능 어업을 위한 기준을 마련하고 국제 규정과 내부 지침을 준수해 미래 바다 생태계 유지에 노력하고 있다는 내용을 담은 〈지속가능 경영 보고서〉를 내며 변화를 모색했다. 만약 펭수가 진짜 남극에서 온 펭귄이라면 우리가 먹는 참치에 대해서도 한마디 했을 테고, 특히 크릴새우를 활용한 제품들이 홈쇼핑에서 적극 팔리는 현실에 대해서도 분개했을 것이다. 그래야 펭수답다. 펭수는 자신이 남극 출신이라고 이야기만 할 것이 아니라 남극이 처한 문제에 대해서 목소리를 내야 한다. 이것은 남극을 넘어 우리 사회 전반에 걸친 문제기 때문이다.

펭수가 좋아하는 참치를 특별하게 만들어 내는 곳이 미국에 있다. 식물성 재료로 수산물 대체 식품을 만드는 오션 허거 푸드Ocean Hugger Food는 토마토로 참치회의 맛과 식감을 재현할 뿐 아니라 비슷한 방식으로 장어와 연어 대체 식품도 만든다. 이 회사 창업자이자 CEO 제임스 코웰James Corwell은 잔인한 포획 방식과 남획으로 전 세계 대형 어류가 멸종 위기에 처했다는 사실을 접한

미국의 오션 허거 푸드는 대형 어류의 멸종을 막기 위해, 식물성 재료로 수산물 대체 식품을 만든다. 사진은 토마토로 참치회의 맛과 식감을 재현한 초밥.

후 오션 허거 푸드를 창업했다. 미국에는 식물성 재료로 해산물, 육류의 대체 식품을 만드는 기업이 꽤 많다. 채식주의자용 식품을 만드는 굿 캐치 푸드Good Catch Foods 의 대표 상품은 '생선 없는 참치'다. 진짜 참치는 한 조각도 들어가지 않았지만 맛도 외형적 모습도 자연산 참치와 거의 유사하다는 것이 전문가들의 평가다. 완두콩, 병아리콩, 렌틸콩 등 여섯 종류의 콩 추출물을 섞은 식물성 단백질 혼합물이 주요 원재료이고, 여기에 해바라기 씨 오일과 해조류 추출물 등을 첨가해 진짜 참치와 비슷한 맛과 식감을 구현한다. 굿 캐치 푸드의 창업 동기 역시 남획과 환경 오염으로 인한 해양 자원 멸종의 위기를 해산물 소비 방식 변화를 통해 극복하겠다는 것이다. 이 외에도 미국의 수많은 식물성 해산물, 식물성 육류 제조 기업들이 비슷한 창업 동기를 갖고 있으며, 미래 식량 시장의 중요한 기회로 식물성 대체육을 꼽고 있다. 식물성 대체육은 엄밀히 따져 진짜가 아닌 가짜지만, 진짜가 가진 불편함을 해소하는 대체제로서 가짜인 셈이다. 이것은 윤리적·환경적 문제, 식량 자원의 효율성 문제 때문에 생겨났다. 그리고 결정적으로 돈이 되는 미래 사업이기도 하다.

미국의 대표적인 식물성 대체육 기업 비욘드 미트Beyond Meat는 상장까지 되었다. 미국에서는 KFC가 닭 없는 프라이드 치킨을 팔고, 버거킹이 소고기 없는 패티를 넣은 햄버거를 판다. 우리가 알 만한 세계적 패스트푸드 기업 대부분이 이런 시도를 한다고 해도 과언이 아니다. 국내에서도 주요 대기업들이 이 시장에 뛰어들었다. 결국 이런 변화는 우리의 식탁을 바꿔 놓을 수밖에 없다. 환경과 윤리 문제가 육식 문화의 변화를 이끈다고 해도 과언이 아니다. 또한 이 흐름에 기술적 진화와 효율성이 더해진다. 영국의 총리이자 노벨문학상을 수상한 윈스턴 처칠이 1932년에 쓴 수필집 《50년 뒤의 세계》Fifty Years Hence에는 "50년 뒤에는 닭가슴살이나 날개만 먹으려고 닭을 키우지 않을 것이다. 대신 원하는 부위만 골라 키워낼 것이다."라는 흥미로운 구절이 있다. 당시에는 허무맹랑하게 들렸을 이야기가 지금 우리의 현실이 되었다. 오늘날에는 배양 기술을 활용한 해산물과 육류 개발이 활발히 이뤄지고 있다. 배양육은 살아 있는 동물에서 세포를 채취한 다음, 이를 배양 탱크에서 대량으로 배양해 천연의 육류와 비슷하게 만든 인공 육류다.

식물성 대체육과 함께 중요한 미래 먹거리이자 산업이다. 이에 따라 글로벌 축산 기업들은 배양육의 가치를 높게 평가하고, 관련 기술을 보유한 스타트업에 적극 투자하고 있다. 지금까지 축산업으로 자본을 축적한 그들이, 식물성 대체육과 배양육이라는 미래 산업에 투자하는 것이다. 이런 상황에 위기감을 느낀 미국 축산업자연맹US Cattlemen's Association이 미국 정부에 '고기 대체품을 고기라고 명명하는 것을 금지해 달라'는 청원을 냈고, 먹기 위한 목적으로 살아 있는 동물에서 떼어낸 살점만 '고기'라고 부를 수 있도록 요구했다. 대체 육류 시장의 도래는 미국만의 일이 아니다. 미국에서 시작되었지만 머지않은 미래에 전 세계가 겪을 일이고, 우리나라도 맞이할 일이다.

먹는 문제는 아주 중요하다. 우리도 이제 먹는 문제에서 건강과 영양만 따질 게 아니라, 윤리적 관점을 추가해야 한다. 그중 대표적인 것이 채식이다. 2010년대 들어서 종교나 체질적 이유가 아니라, 고기가 가진 윤리적·환경적 문제에 반기를 들며 채식을 선택하는 이들이 전 세계적으로 증가하고 있다. 채식주의자 중에서 가장 육식에 관대한 이들이 플렉시테리언Flexitarian, 융통성 있는 준채식주의자다. 채식주의자가 육식주의자의 반댓말로, 단지 육류를 먹지 않는 사람이라 여기는 사람들이 많지만 채식주의자는 여러 유형으로 나뉜다. 완전 채식주의자를 비건Vegan이라고 하는데, 채

소와 과일만 먹는다. 채식 유형 중에서 가장 엄격하다. 고기는 당연하고, 우유나 치즈 같은 유제품, 달걀조차 먹지 않는다. 심지어 먹는 것을 떠나 실크나 가죽처럼 동물로부터 원료를 얻는 제품을 사용하지도 않는다. 락토Lacto는 비건처럼 채식을 하지만 우유와 유제품, 꿀 등은 먹는다. 완전 채식에서 한발 양보한 셈이다. 락토 다음 단계가 락토오보Lacto-ovo로 달걀까지 먹는다. 이렇게 비건, 락토, 락토오보까지를 채식주의자(베지테리언)라고 한다. 다음으로 선택적으로 육식을 하는 세미베지테리언Semi-vegetarian, 준채식주의자가 있다. 페스코Fesco가 대표적으로 유제품, 달걀, 그리고 해산물까지 먹는다. 또 다른 유형인 폴로Pollo는 닭고기, 오리고기 같은 가금류까지 먹는 준채식주의자다. 즉 돼지고기나 소고기 같이 붉은 살 육류만 먹지 않는 것이다. 그리고 마지막 유형이 플렉서블 베지테리언을 뜻하는 플렉시테리언이다. 평소에는 채식을 하지만 경우에 따라선 생선은 물론 가금류, 육류까지도 먹는 사람이다. 어떤 경우에 육류 섭취를 허용할지는 스스로가 정하는 것이지만 적어도 원칙은 있어야 한다. 가령 어머니가 오랜만에 만난 자식을 위해 갈비를 구워 줬는데 소고기는 안 먹는다고 거절하는 것보다는 그날만큼만 즐겁게 먹는다거나, 생일날 끓여준 미역국에 들어간 소고기를 건져 내지 않고 같이 먹는 식이다. 친구들이 모여서 오랜만에 술자리를 하는데 고깃집에서 한다고 해도 피할 필요 없이 어울리면 된다. 원칙 없이 아무 때나 고기를 탐하거나 육식으로부터 완전히 결별하는 것이 아니라, 채식을 중심에 두고 융통성 있게 육식도 겸하는 것이다. 몇 년 전부터 서서히 확산되던 플렉시테리언은 앞으로 더욱 급증할 가능성이 커졌다. 식물성 대체육 시장이 커진 것도 이런 배경과 연결되고, 2030세대 사이에서 채식이 트렌드가 된 것도 이와 무관하지 않다. 결국 채식주의 중에서 가장 쉽게 접근할 수 있는 플렉시테리언의 확산은 당연한 수순이다. 언젠가 펭수가 플렉시테리언이 되고, 더 나아가 채식주의자가 되는 날도 보게 될지 모른다. 채식주의는 이제 중요한 트렌드로 자리 잡았다.

플렉시테리언은 채식을 중심으로 하되 융통성 있게 육식도 겸하는 사람들이다.

채식주의가 단순히 채소만 먹는 행위가 아니라, 일종의 자기표현이자 가치관 선택의 문제로 인식하는 사람들이 늘어났기 때문이다. '무엇을 먹느냐'의 문제가 아니라, '어떻게 살아가느냐'의 문제다.

탄소발자국이 가장 큰 도시에 사는 펭귄의 숙명

남극 출신 중 펭수보다 유명한 인물이 있을까? 적어도 한국에서는 펭수가 남극 출신 최고 셀럽이다. 따라서 펭수는 기후변화 문제에 있어서 중요한 역할을 할 필요가 있다. 기후변화는 전 세계 모두의 문제이긴 하지만, 이 문제를 가장 직접적으로 느끼는 지역 중 하나가 남극이다. 북극곰이 콜라 마시는 이미지로 우리에게 각인되었다면, 남극의 펭수는 기후변화 문제에 앞장서는 환경 운동가로 각인되는 것은 어떨까? 지금 시대는 환경 운동이 필수이자 상식인 시대다.

펭수는 남극이라는 청정 지역에서 환경오염이 심각한 대도시로 옮겨 온 캐릭터다. 그것도 하필 서울로 왔다. 직간접적으로 발생시키는 탄소 배출 총량을 탄소발자국Carbon Footprint 이라고 하는데, 전 세계 도시 중 탄소발자국이 가장 큰 도시가 바로 서울이다.

2018년 5월, 노르웨이과학기술대학교NTNU 대니얼 모런Daniel Moran 박사팀은 전 세계 189개국 1만 3,000여 도시의 이산화탄소 배출량을 분석한 보고서를 발표했는데, 서울, 광저우, 뉴욕, 홍콩, LA, 상하이, 싱가포르 순으로 이산화탄소 배출량이 높았다. 인구밀도와 소득 수준이 모두 높은 도시일수록 이산화탄소 배출량이 높다. 한국의 도시 중 서울, 부산, 대구, 대전, 광주, 울산 등 12개 도시가 전 세계 이산화탄소 배출량 상위 500위 권에 포함되었다. 확실히 우리나라의 탄소 배출은 심각한 수준이다. 미세먼지 문제를 중국 탓으로만 돌리기에는 우리의 탄소 배출량이 굉장히 많다. 여기에 더해 아직 환경과 기후변화에 대한 국민의 인식 수준이 낮다는 것도 문제다.

한국교통연구원 국가교통DB센터에 따르면, 승용차 평균 탑승 인원이 2010년 1.92명에서 2016년 1.22명으로 줄었다. 반면 승용차의 1인 탑승자 비율은 2010년 61.3퍼센트에서 2016년 82.5퍼센트로 증가했다. 우리는 자동차를 혼자 타면서도 경차나 소형차는 상대적으로 외면한다. 한국자동차산업협회에 따르면, 2018년 국내에서 판매된 차량 중 경차의 비중은 9.8퍼센트였다. 국내에서 경차 비중이 가장 높았을 때가 2012년으로 17.3퍼센트였지만, 그 후 계속 감소해 2018년에는 10퍼센트대 벽이 무너졌다. 2018년 판매 차량 중 경차 비중이 36.6퍼센트였던 일본과 크게 비교되는 수치다. 유럽에서는 소형차, 해치백, 경차가 유독 많이 팔린다. 거의 모든 자동차 브랜드에서 경차를 만들어서 팔고 있다. 하지만 우리나라는 소형차에 비해 중대형 자동차에 대한 선호도가 높다. 최근 들어 이런 추세는 SUV에 대한 애정으로 옮겨 갔다. 신차 판매량의 절반이 SUV일 정도다. 경차나 소형차 판매는 앞으로도 계속 줄어들 것으로 보인다. 1인 가구가 보편적인 시대에 여럿이 함께 차를 타고 가는 것은 쉬운 일이 아니다. 그래서 승차 공유 서비스와 1~2인승 차량의 확대가 필요하다. 나 홀로 자동차가 어쩔 수 없는 선택인 시대에는 승차 방식도 과거의 전형적 관성에서 벗어나야 한다. 이런 인식을 한국 사회 전체가 공유해야 한다.

한국은 탄소 배출량이 높은 나라 순위에서 전 세계 10위권에 든다. 우리는 미세먼지에는 민감하면서 기후변화에는 둔감하다. 기후변화 문제를 언급할 때 북극곰이나 남극 빙하 이야기기만 할 뿐 우리 일상과는 무관하다고 오해하는 이들도 많다. 하지만 기후변화는 한국에도 심상치 않은 영향을 미치고 있다. 2019년에서 2020년으로 넘어가는 겨울은 겨울답지 않게 따뜻했다. 추운 날도 별로 없었고, 눈 구경도 제대로 하지 못했다. 매년 여름에는 폭염에 시달리고 있다. 전체적으로 기온이 조금 올라간 것뿐인데 괜한 호들갑이라고 생각하는 사람도 있을지 모르겠지만, 기온 상승으로 인해 생태계 전반이 타격을 받고 있으며 그렇게 무너진 생태계는 쉽게 복원되지 않는다.

펭수는 예능 캐릭터일 뿐인데, 펭수에게 이런 문제 인식까지 요구하는 것은 과한 것일까? 하지만 펭수는 단지 웃기기만 하는 존재가 아니다. 펭수는 이미 실존 인물 같은 사회적 존재고, 영향력 있는 슈퍼스타다. 펭수의 말과 행동은 펭수를 좋아하는 팬들에게 엄청난 영향력을 끼친다. 환경, 윤리, 젠더 등은 이제 더 이상 특정인에게만 한정된 특별한 이슈가 아니라 우리 모두가 관심을 가져야 할 일상적인 이야기가 되었다. 펭수가 환경, 윤리, 젠더에 대해 이야기해 주기를 바라는 것은 펭수 세계관이 지금 시대의 시대정신과 맞물려 있기 때문이며, 펭수가 기성세대의 잘못된 관성과 관행이 만들어 낸 비정상적 상황에 대해서 가감 없이 이야기하며 스타가 된 캐릭터이기 때문이다.

CHAPTER 7

펭수는
글로벌 스타가
될 수 있을까

PENGSOO SYNDROME

펭수는 〈기생충〉과 〈상어 가족〉이 될 수 있을까?

한국이 만든 콘텐츠 중에 세계적으로 성공한 대표적 사례가 영화 〈기생충〉과 동요 〈상어 가족〉이다. 물론 BTS도 있고, 싸이도 빼놓을 수 없다. 이들이 세계적으로 주목받고 사랑받은 것은 한국에서 만들었기 때문이 아니라 매력적인 콘텐츠기 때문이다. 이들은 한국에서, 한국인이 만든 콘텐츠가 세계 시장에서 사랑받는 것이 불가능한 시대가 아니라는 사실을 증명했다. 한국 프리미엄이 있다고도 할 수 없지만 한국 디스카운트도 없다. 도전할 환경으로 이정도면 충분하다. 충분히 한국에서 통했고 단기간에 뜨거운 사랑을 받은 펭수가 글로벌 스타가 되지 못할 이유는 없다. 펭수의 전성기는 이제 시작이다. 그러니 한국 시장뿐 아니라 세계 시장에 도전하는 것은 지극히 당연한 선택이다.

우리는 단 하나의 언어를 쓴다고 생각합니다. 그 언어는 영화입니다.

영화 〈기생충〉으로 골든글로브 시상식에서 상을 받은 봉준호 감독의 수상 소감이다. 〈기생충〉은 한국 영화 최초로 골든글로브 트로피를 거머쥐었고, 아카데미 시상식(오스카)에서도 작품상, 감독상, 각본상, 국제장편영화상 등 네 개 부문을 수상했다. 미국의 양대 영화 시상식으로 손꼽히는 골든글로브와 아카데미상은 미국에서 개봉된 영화를 대상으로 하다 보니 비영어권 영화에는 다소 인색했다. 게다가 미국 관객들은 자막 있는 영화를 선호하지 않는다. 영어권 영화도 충분히 많은 데다, 미국이 영화의 중심이라 여기기 때문이다. 그래서 칸 국제영화제 황금종려상을 받아도, 즉 아무리 평단의 호평을 받아도 미국에서 흥행하는 것은 어렵다. 그런데 〈기생충〉은 제72회 칸 국제영화제 황금종려상을 수상한 이후, 미국은 물론 전 세계적인 흥행 가도를 달리고 있다. 역대 황금종려상 수상작 중 미국 내 비영어권 영화 흥행 1위가 바로 〈기생충〉이다. 심지어 미국에서 개봉한 역대 비영어권 영화 중에서 흥행 5위(2020년 2월 15일 기준)에 올랐고, 일각에서는 1위인 〈와호장룡〉을 넘어설 것이라는 전망도 나온다. 〈기생충〉은 칸 국제영화제 수상 이후 53개 해외 영화제에 초청되어 시드니영화제 최고상, 로카르노 영화제 액설런스 어워드, 밴쿠버영화제 관객상 등 15개 영화제에서 상을 받았다. 영국의 〈가디언〉이 꼽은 2019년 연말에 꼭 봐야 할 올해의 영화 50편 중 첫 번째 작품도 〈기생충〉이었다.

〈기생충〉은 2019년 한국을 시작으로 프랑스, 스위스, 오스트레일리아, 북미, 독일, 홍콩, 스페인, 브라질 등 전 세계 40개국에서 개봉했으며, 프랑스, 터키, 스페인, 이탈리아, 벨기에, 베트남, 인도네시아, 호주, 독일, 이탈리아 등 23개국에서 역대 한국 영화 흥행 1위를 기록했다. 누적 흥행 수익(2020년 2월 15일 기준)은 북미에서 3,940만 달러, 북미를 제외한 다른 나라에서 1억 3,102만 달러를 올렸다. 한국에서 만든 영화, 아니 한국의 콘텐츠 중 이렇게 화려하게 환영받은 작품이 또 있을까 싶을 정도다. 비영어권 영화로서도 충분히 글로벌 흥행작을 만들어 낼 수 있다는 가능성을 보여 준 것이다.

〈기생충〉은 가난한 자와 부자의 양극화와 공생에 대한 이야기를 블랙코미디로 다뤘는데, 이것은 한국에만 국한된 것이 아니라 전 세계적인 이야기다. 전 세계가 공감할 수 있는 이야기였다는 점이 글로벌 흥행을 가능케 했다. 이 점에서 펭수도 생각해 봐야 한다. 펭수가 한국에서 제기한 안티 꼰대 문제도 사실은 한국만의 이야기가 아니기 때문이다. 가부장제도 한국만의 이야기나 유교 문화만의 이야기가 아니라 남성 중심의 차별적 환경을 가진 전 세계적 이야기다. 미투 운동을 비롯해서 여성의 목소리가 과거에 비해

〈기생충〉은 가난한 자와 부자의 양
극화와 공생이라는, 한국뿐 아니라
전 세계가 공감하는 이야기를 함으
로써 전 세계적인 성공을 거뒀다.

높아지긴 했지만 여전히 남성과 백인 중심의 권력 구조는 견고하다.

이제는 다양성이 무엇보다 중요한 시대정신이 되었다. 여기서
다양성은 곧 남성 중심의 가부장제 혹은 남성에 의한 여성 차별에
대한 저항뿐 아니라 인종, 국적, 외모 등 어떤 차별에도 저항하겠
다는 의미를 가진다. 펭수의 안티 꼰대는 단순히 기성세대에 대한
반발에 그쳐선 안 된다. 차별에 저항해 옳고 그름을 가려내는 것이
핵심이지, 젊은 세대가 나이 많은 기성세대에 무례하게 들이받는

것이 핵심이 아니다. 펭수는 귀여운 이미지로 승부하는 캐릭터가 아니다. 펭수는 발언과 행동을 통해 자신의 세계관을 적극 드러내며 사람들의 공감을 이끌어 내는 캐릭터다. 누군가를 가르치는 캐릭터가 아니라 먼저 실천하고 보여 주는 캐릭터다. 그런 점에서 펭수는 한국뿐 아니라 세계에서도 충분히 환영받을 수 있는 캐릭터다. 〈기생충〉이 한국 사람들이 만들고 한국어로 제작된 영화지만 자막과 동시통역 등을 통해 전 세계에 매력과 가치를 충분히 전달할 수 있었다는 점을 생각한다면, 펭수 또한 글로벌 스타가 되는데 전혀 제약이 없다. 글로벌 스타 펭수를 만들기 위해 각 나라별로 그 나라 언어를 할 줄 아는 펭수를 캐스팅할 필요도 없다. 물론 그것이 좀 더 효과적인 접근 방식일 수 있지만, 인형 탈과 연기자가 하나가 된 실존 캐릭터라는 펭수만의 특수성에 어긋난다. 연기자가 여러 언어를 익히는 데 투자하기보다는 좋은 통역가, 번역자를 확보하는 게 더 현실적인 해외 진출 전략일 것이다.

전 세계 영유아들에게 가장 인기 있는 캐릭터가 된 핑크퐁과 〈상어 가족〉은 한국의 스타트업 스마트스터디가 만들었다. 스마트스터디의 창업자 김민석 대표는 넥슨과 NHN에서 게임 개발과 마케팅, 기획 파트를 거쳐 2008년부터 유아·어린이 출판에 강한 삼성출판사에서 신사업 관련 업무를 담당했다. 그는 게임업계에서 쌓은 노하우를 삼성출판사에 접목하기 위해 넥슨과 NHN에서 함께

했던 동료들을 모아 2010년 스마트스터디를 창업했다. 삼성출판사의 콘텐츠를 활용해 모바일 앱을 만드는 과정에서, 출판 콘텐츠를 모바일로 바꾸는 데는 기술적 차이뿐 아니라 플랫폼별 콘텐츠 속성의 차이를 고려해야 한다는 점을 알게 되었을 것이다. 그 결과 그가 선택한 것이 '노래'와 '캐릭터'다. 재미 있는 노래와 귀여운 캐릭터를 접목시켜, 집중할 수 있는 시간이 아주 짧은 유아들도 쉽게 몰입할 수 있는 콘텐츠를 만들었고 이것은 핑크퐁과 〈상어 가족〉의 성공으로 이어졌다.

2019년 〈상어 가족〉를 비롯한 스마트스터디의 핑크퐁 콘텐츠가 유튜브에서 95억 회, TV와 음원에서 55억 회 등 총 150억 회가 재생되었다. 같은 기간 BTS의 유튜브 조회 수가 약 41억 회다. 이런 엄청난 인기는 수익으로도 이어졌다. 핑크퐁과 〈상어 가족〉에 기업들의 러브콜이 쏟아졌고 〈상어 가족〉을 활용한 사업들도 더 많아졌다. 유튜브를 넘어 다양한 영역으로 콘텐츠가 확장되었다. 〈스펀지 밥〉으로도 유명한 세계 최대 어린이용 엔터테인먼트 제작사이자 케이블 방송사 니켈러디언Nickelodeon은 2021년부터 미국에서 방영을 목표로 〈상어 가족〉 TV 시리즈물을 만들고 있다. 현재 2,500여 종에 달하는 핑크퐁 캐릭터 상품은 앞으로 더 다양한 영역으로 확장될 것이다. 매력적인 캐릭터를 만들어 내고 그것을 자리 잡게 하는 것이 어려운 것이지, 캐릭터가 한 번 만들어지면 확장할 수 있는 비즈니스 분야는 무궁무진하다.

2019년 스마트스터디의 추정 매출은 1,000억 원이고, 이 중 720억 원이 해외 매출이다. 특히 영업이익은 250억 원이나 된다. 2018년 매출이 400억 원이었으니, 2019년 전 세계를 휩쓴 〈상어 가족〉 열풍이 얼마나 컸는지 짐작하고도 남는다. 1964년 창업했고 2002년에 코스피에 상장한 중견기업인 삼성출판사의 2018년 매출이 1,860억 원, 영업이익이 33억 원이라는 점을 생각해 보면 스마트스터디의 성장이 얼마나 단기간에 이루어졌는지를 알 수 있다.

펭수의 가치가 더 커지고, 사업 기반이 확대된다면 이를 좀 더 효과적으로 운영하기 위해서 캐릭터 사업을 EBS에서 분사하는 방안도 가능할 것이다. 스마트스터디의 사례나 카카오나 네이버가 캐릭터 사업을 분사한 것처럼 말이다.

지금의 펭수를 〈기생충〉과 〈상어 가족〉에 비교하는 것은 과하다고 볼 수도 있다. 〈기생충〉과 〈상어 가족〉은 이미 세계적으로 흥행했고, 벌어들인 돈도 비교할 수 없을 정도로 크다. 하지만 세상에 등장한 지 1년밖에 안 된 펭수가 2년차에는 어떻게 진화한 모습을 보여 주는지에 따라서 펭수의 미래는 달라질 수 있다. 물론 장밋빛 전망만 있는 것은 아니다. 펭수가 지금껏 보여 준 것이 전부일 경우에는 한계가 있을 수밖에 없다.

지금까지의 성과도 EBS 제작진이 처음 펭수를 만들면서 그렸던 그림보다 훨씬 더 크고, 기대 이상이다. 하지만 이제는 거기서 한 발 더 나아갈 때다. 한 번 찾아온 기회에 소극적으로 대응하다가 글로벌 스타가 될 수도 있을 펭수를 국내용 캐릭터로만 머물게 해서는 안 된다.

펭수의 이상형도 펭수고, 경쟁자도 펭수다

펭수가 인기를 오래 지속할 수 있을 것인가에 대한 답은 경쟁자와의 싸움에서 이기느냐 지느냐가 아니라, 캐릭터 관리를 어떻게 하느냐에 달렸다. 펭수는 지상파와 유튜브라는 서로 다른 영역의 플랫폼을 넘나든다. 심지어 방송도 자사와 타사 채널을 가리지 않고 출연하고, 혼자서 온갖 장르를 소화하며 종합 예능 프로그램 〈자이언트 펭TV〉를 이끌고 있다.

출연자 혼자서 모든 것을 다 하는 종합 예능 프로그램은 이제껏 없었다. 〈무한도전〉, 〈1박2일〉, 〈신서유기〉 같은 인기 리얼 버라이어티 프로그램은 여러 명의 출연자가 함께하는 방식이다. 역할 분담을 통해 출연자 개개인의 부담을 덜어 주고 동시에, 캐릭터의 비중을 분산시켜 시청자의 몰입도를 높이기 위해서다. 아무리 좋은 것도 반복되고 익숙해지면 흥미와 가치가 떨어진다. 고정 출연자가 펭수 혼자인 〈자이언트 펭TV〉가 지속적으로 새로운 콘텐츠를 만들며 몰입을 이끌어 낼 수 있느냐 하는 것은 매우 중요한 문제다.

자고 일어났더니 전 국민이 아는 스타가 되는 경우도 종종 있었다. 하지만 그런 스타가 지속적으로 인기를 유지하며 롱런하는 경우는 아주 드물다. 펭수가 1년짜리 반짝 스타가 아니라, 스테디셀러가 되기 위해서는 〈자이언트 펭TV〉 제작진의 역할이 중요하다. 더군다나 펭수는 콘텐츠만 만드는 게 아니라 컬래버레이션 비즈니스는 물론이고 상업 광고와 이벤트 출연, 출판 등 다양한 방식으로 이미지를 소진하고 있기 때문에 신선함과 매력도를 지속시킬 방법을 찾는 것이 중요하다.

〈자이언트 펭TV〉 유튜브 채널 구독자 수 월별 증가 추이를 보면 2019년 9월에 8만 명이 증가했는데, 10월에는 25만 명, 11월에는 65만 명으로 가파른 증가세를 보였다. 그런데 이후 12월에는 55만 명, 2020년 1월에는 41만 명, 2월에는 10만 명이 증가하며 그 상승세가 다소 꺾였다. 2019년 11월까지만 해도 증가 속도가 급상승해서 2020년 여름이면 400~500만 명까지 바라볼 수 있을 거란 예상도 나왔지만 지금 추세라면 쉽지 않아 보인다. 안티 꼰대 캐릭터를 비롯해 2030세대에게 지지받는 모습만으로는 한계가 있다. 채널을 시작한 지 6개월여 만에 380만 명의 구독자를 확보한 〈워크맨〉과 비교했을 때 콘텐츠 자체만으로는 아쉬움이 있다. 2020년에 들어서면서 〈자이언트 펭TV〉는 면접이나 아르바이트같이 2030세대가 공감할 만한 주제로 콘텐츠를 확장해 나가고 있다. 더 많은 2030세대를 팬으로 확보하고, 나아가 10대까지도 유입시킬 필요성을 제작진도 인지하고 있기 때문이다.

펭수의 수입 중 유튜브 채널의 광고 수익 비중보다는 광고 모델로 받는 수익이 더 큰 것도 아쉽다. 상업 광고로 수익을 거두는 것자체가 나쁘다고 할 수는 없겠지만, 상업적으로 펭수의 이미지를 소비하는 것은 펭수 신드롬을 오래 유지하는 데 마이너스 요소가될 수 있다. 콘텐츠의 질적·양적 확장 속도보다 펭수의 이미지를 소진시키는 속도가 더 빠를 경우 반짝 스타로 전락할 소지가 있기때문이다. 아무리 좋은 것도 흔해지고 식상해지면 가치가 떨어진다. 펭수가 계속해서 매력적인 캐릭터로 남기 위해서는 새로운 발언과 활동이 계속되어야 한다.

펭수가 글로벌 스타가 되려면 환경이나 젠더, 윤리 이슈에 좀더 투자해야 한다. 한국에서 펭수가 사랑받은 결정적 계기가 안티꼰대였다. 갑질과 꼰대 문제 같은 사회적 이슈를 재미있게 풀어내며 공감을 샀던 것이 2030세대에게 사랑받게 된 결정적 이유였다. 지금 세계에서 가장 중요한 사회적 이슈는 환경, 젠더, 윤리, 불평

등 문제다. 오래전부터 있던 문제였지만, 기성세대가 상대적으로 외면했던 이슈였고 그 결과 양극화는 더 심각해져 갔다. 하지만 이제는 달라졌다. 환경 문제는 시대의 상식이 되었고, 경제적으로도 가장 중요한 이슈가 되면서 과거와 같은 시각으로 환경 문제를 보지 않는다. 글로벌 10~30대, 즉 MZ 세대의 공감과 함께 그들의 지지를 이끌어 내기 위해서라도 펭수는 이 문제를 다뤄야 한다. 그동안의 펭수는 빨리 배우고, 적응하고, 변화를 받아들여 왔다. 그리고 앞으로의 펭수에게 기대하는 점도 이것이다. 펭수의 진화가 결국 글로벌 스타로서 가능성을 현실로 바꿔 줄 무기가 될 것이기 때문이다.

펭수 연기자의 역할 또한 중요하다. 펭수의 세계관은 연출과 작가를 중심으로 한 제작진이 구성했어도, 현장에서 발언은 펭수가 직접 한다. 통제된 환경인 드라마와 영화에서도 애드리브가 적지 않게 사용되는데, 펭수가 맞이하는 통제되지 않은 라이브 현장에서는 더더욱 연기자의 애드리브가 없을 수가 없다. 펭수에게는 대본이 주어지더라도 펭수와 대화하는 상대는 그렇지 않은 경우가 많다. 그러다 보니 변수도 많고, 상황마다 모든 답을 미리 준비해 둘 수는 없다. 연기자가 펭수의 세계관을 녹여 내어 즉흥적으로 대처할 수밖에 없다. 지금껏 회자된 펭수 어록 중에서 꽤 많은 발언이 애드리브인 것으로 추정된다. 펭수는 말과 행동으로 승부하는 캐릭터다 보니 말실수할 일도 많아진다. "말로 흥한 자 말로 망한다."라는 말이 괜히 나온 게 아니다. 펭수의 말실수는 초기부터 종종 있었지만, 그가 유명하지 않고 영향력도 없을 때라 문제가 되지 않았다. 하지만 유명해지고 영향력이 커지면 다르다. 같은 발언이라도 큰 문제가 될 수 있다. 결국 펭수가 초기에는 애드리브에 의존했다면, 이제는 계획된 대본에 의존하며 애드리브를 자제할 가능성이 커졌다.

2019년 12월 30일, 지하철 삼성역 중앙통로에 펭수 데뷔 300일 축하 광고가 게재되었다. 펭수 광고 주변으로 BTS, X1, AB6IX 같은 아이돌 스타의 팬 광고도 있었다. 한 팬이 펀딩 플랫폼을 통해 펭수 데뷔 300일 축하 기념 프로젝트를 제안하자, 전국의 펭수의 팬모임인 '펭클럽'이 참여하며 성사된 것이다. 300일 축하 광고 이후 추가적인 지하철 광고나 버스 광고를 비롯해, 미국과 일본 등 해외 옥외 광고에 대한 서포트 펀딩 문의도 이어졌다고 한다. 스타는 팬이 필수다. 특히 지금 시대의 팬은 소극적이지 않다. BTS 팬들은 적극적으로 BTS 음악을 차트에 진입시키고, 세계적인 인지도와 영향력을 만들어 주는 일등공신이다. 이렇듯 팬들이 나서 스타를 성장시키는 시대다 보니, 스타도 팬들과의 소통에 적극적이다. BTS가 글로벌 스타가 된 배경 중 하나로 이런 소통에 대한 노력과 능력을 꼽기도 한다. 아무리 탁월한 재능을 가졌어도, 팬들의 지지가 없으면 슈퍼스타가 되지 못하고 또 스타가 된다고 하더라도 오래가지 못한다. 펭수도 마찬가지다. 글로벌 스타가 되기 위해서는 국내뿐 아니라 글로벌 팬들과의 소통을 원활히 할 방법도 모색해 둬야 한다. 펭수가 국민적인 스타가 된 것은 여느 캐릭터들과는 달리 살아 있는 캐릭터이자 소통 능력이 있는 캐릭터이기 때문이다.

펭수의 시대를 사는
우리는 모두가 펭수다

펭수의 인기는 언제쯤 사그라들 것인가? 화무십일홍이라고 했다. 모든 것은 영원할 수 없다. 슈퍼스타 펭수에게도 한계는 있으며 인기가 사그라들 시기도 올 것이다. 펭수가 세상에 나온 지 이제 1년이다. 반짝 스타가 되는 것은 쉽지만 오래가는 스타로 남기란 쉽지 않다. 계속 올라가는 것은 불가능하다. 펭수도 언젠가는 내려오는 기점을 만나게 될 것이다. 특히 펭수의 사이다 캐릭터가 세상에 더 이상 필요하지 않을 만큼 우리 사회가 이상적인 사회가 된다면 펭수의 인기도 자연히 사라질 것이다. 하지만 그 시기가 절대 2020년은 아니다. 우리 사회가 가진 불평등, 환경, 윤리, 젠더와 각종 차별의 문제는 아직도 너무나 심각하고 크다. 펭수가 단지 이미지로 승부하는 귀여운 캐릭터였다면 수명은 더 짧았을 것이다. 새로운 도전자들이 계속 쏟아져 나오는 상황에서 이미지 중심의 캐릭터들은 익숙함이라는 단점 때문에 새로운 캐릭터에 팬을 뺏길 수 있다. 하지만 펭수는 한국뿐 아니라, 세계적으로도 희소한 캐릭터다. 이런 장점을 제작진이 잘 특화시키면 펭수 열풍, 펭수 현상은 쉽게 그치지 않을 듯하다.

트렌드 분석가의 시선으로 들여다본 펭수 세계관, 펭수 신드롬은 매우 흥미롭고도 놀라웠다. 펭수는 역사상 전무후무한 실존 연예인이 된 캐릭터였고, 지난 1년간 캐릭터가 끊임없이 진화해온 과정은 밀레니얼 세대가 본격적으로 등장한 이후 대한민국이 진화해 온 과정의 압축 버전처럼 느껴졌다. 2019년, 그리고 2020년을 '펭수의 시대'라 불러도 좋을 것 같다. 그리고 이런 펭수의 시대를 살아가는 우리가 모두 펭수인 것인지도 모른다. 우리는 이유 없이 덩치 큰 열 살짜리 펭귄을 좋아하는 게 아니다. 펭수의 등장은 시대적 요구였다. 지금 시대를 가장 치열하게 살아가고 있는 2030세대가 만들어 낸, 가장 시대적인 캐릭터가 펭수다. 2020년은 펭수에게 아주 중요한 해다. 시대의 선택을 받은 것이 펭수의 가장 큰 행운이었다면, 이제는 그 행운을 넘어 필연적 운명을 만들어 내야 할 때다. 운칠기삼運七技三이라는 점에서 펭수는 운이 좋았다. 이제 기술이 필요하다. 지금 시대가 계속 펭수의 역할을 필요로 하기에 펭수에게 주어진 운을 잘 살릴 기술이 필요한 것이다.

펭수는 EBS가 만들었지만 우리 모두가 함께 키운 캐릭터다. 펭수가 남극에서 온 펭귄이라고 해도, 펭수가 열 살이라고 해도 우리는 그 말들을 전부 믿었다. 여기에 펭수의 존재 이유가 있다. 이제는 스타가 된 펭수의 미래도 결국 우리에게 달렸다. EBS 제작진은 분명 계속 노력할 것이고, 진화하는 펭수를 계속 보여 줄 것이다.

우리는 나이와 세대를 초월해 펭수에 공감하고 열광하는 '펭년배'들을 통해 대한민국의 희망을 보았다. 펭수가 일시적 트렌드를 넘어 일상 속에 녹아든 문화가 되는 날, 펭수의 사이다 같은 조언이 더 이상 필요 없어지는 날이 어서 오기를 기대해 본다.

언론 기사

- 전지현 · 김수현, 올해도 500억 매출 넘본다, 〈연합뉴스〉, 2015. 1. 14.
- 용기 북돋우는 구마몬은 지진 피해 복구의 상징, 〈한국일보〉, 2016. 9. 2.
- 온난화의 변화에 대처하는 펭귄들 저마다의 전략들, 〈사이언스온〉, 2017. 6. 5.
- 동원산업 등의 한국 참치 캔은 착하지 않다고?…태국 업체와 비교돼, 《CNB저널》, 2017. 9. 1.
- 휴일 · 심야 카톡 업무 지시도 징계대상, 〈법률신문〉, 2018. 12. 17.
- 연봉 20퍼센트 줄었지만, 대기업 그리워한 적 단 한 번도 없어요, '조선닷컴' jobsN, 2019. 1. 9.

- 직장인 80퍼센트 이상, 일 보다 사람 싫어 회사 떠난다, 사람인, 2019. 3.
- '지역 캐릭터일 뿐인네'…日 '구마몬', 매출 1조 5,000억 원 돌파, 〈서울신문〉, 2019. 3. 4.
- 대한민국에서 누가 가장 많은 광고료를 받을까, 《시사저널》, 2019. 6. 3.
- 남극 먹이사슬의 뿌리, 크릴새우 80퍼센트가 사라졌다, 〈중앙일보〉, 2019. 6. 16.
- ESG 투자는 글로벌 트렌드, 중요성 더 커질 것, 〈이데일리〉, 2019. 7. 9.
- 부장님들, '퇴근 후 카톡·후래자삼배' 조심하세요, 〈머니투데이〉, 2019. 7. 16.
- [김희경의 컬처 insight] 힙합으로 소비 배우는 10대들, 〈한국경제〉, 2019. 8. 16.
- '앙빠' 마케팅으로 2030 사로잡은 빠다코코낫…매출 올린 주역은?, 〈동아일보〉, 2019. 9. 9.
- 카카오IX, 카카오프렌즈 앞세워 연간 누적 매출 1000억원 돌파, 《조선비즈》, 2019. 9. 25.
- 美마트에서도 MLB서도… 전 세계서 들려오는 〈상어 가족〉, 〈머니투데이〉, 2019. 10. 22.
- 펭수 '라디오 〈여성시대〉 출연 영광, 고정하고파', 〈이데일리〉, 2019. 10. 23.
- 펭-하! 직장인 사로잡은 '펭수' 카톡도 점령, 〈전자신문〉, 2019. 11. 17.
- '여친도 남친도 없다' 펭수가 팽개친 이분법, 〈한겨레〉, 2019. 11. 23.

- 핑크퐁 성공의 8가지 비결, 벤처스퀘어, 2019. 12. 2.
- 24시간이 모자란 대세 '펭수의 고민', 〈동아일보〉, 2019. 12. 4.
- EBS, 전담 TF 꾸려 '펭수' 특급 대우, 〈뉴스플러스〉, 2019. 12. 4.
- 포스코, '펭수'에게 철로 만든 집 '펭숙소' 지어줘, 〈연합뉴스〉, 2019. 12. 16.
- [펭수 경제학]③적자방송 먹여 살릴 효자 될까, 〈비즈니스워치〉, 2019. 12. 17.
- 이슬예나 PD '펭수로 사회 · 젠더 편견 깨고 싶었어요', 〈여성신문〉, 2019. 12. 19.
- 선거연령 18살 하향, '참정권 확대'의 큰 진전이다, 〈한겨레〉, 2019. 12. 29.
- 펭수를 만든 여자, 《엘르》, 2020년 1월호.
- 펭수, 데뷔 300일 축하 지하철 광고 인증 '펭클럽 펭러뷰', 〈동아일보〉, 2020. 1. 1.
- 구매현피 · 자이원배 '펭수' 최측근의 뒷담화, 〈동아일보〉, 2020. 1. 4.
- '펭수의 정체' 관심에 '얼굴 안 궁금해'…유력후보 플린 김동준의…, 〈데일리그리드〉, 2020. 1. 4.
- 2002년 주5일 근무제 도입 때는…, 《한겨레21》, 2020. 1. 6.
- 봉준호 '우린 단 하나의 언어를 쓴다, 그 언어는 영화다', 〈중앙일보〉, 2020. 1. 7.
- BTS 뛰어넘은 〈상어 가족〉, 엘사 꿈꾼다, 《조선비즈》, 2020. 1. 7.
- 펭수, 가수 데뷔한다 '앨범 발매 논의중', 〈동아일보〉, 2020. 1. 14.

- 2020년에도 계속되는 '펭수 열풍' 어디까지, 《주간한국》, 2020. 1. 20.
- '펭하!' 귀여운 줄만 알았는데 돈까지 버네!, 〈중앙일보〉, 2020. 1. 22.
- [글로벌-Biz 24] 골드만삭스 '이사회에 여성·비(非)백인 없는 기업 IPO 안맡는다', 〈글로벌이코노믹〉 2020. 1. 26.
- [펭수, 표지모델 되다]④ 넌 내가 더 좋은 사람이 되고 싶게 해!, 〈시사뉴스〉, 2020. 1. 27.
- 펭수 유튜브 구독자 200만명 돌파…'초심 잃지 않겠다', 〈중앙일보〉, 2020. 1. 29.
- 슈스길만 밟고 있는 펭수, 예상을 뛰어넘는 최근 모델료가 공개됐다, 위키트리, 2020. 1. 30.
- Pengsoo: The rude giant penguin that South Korea fell in love with, BBC, 2019. 12. 13.
- The Highest-Paid YouTube Stars of 2019: The Kids Are Killing It, *Forbes*, 2019. 12. 18.

보고서 및 단행본

- 〈2018년도 방송시장 경쟁상황 평가〉, 한국방송통신위원회, 2018. 12.
- 〈2019 초·중등 진로교육 현황조사 결과 발표〉, 교육부, 2019. 12.
- 〈2018 초·중등 진로교육 현황조사 결과 발표〉, 교육부, 2018. 12.
- 〈2017 초·중등 진로교육 현황조사 결과 발표〉, 교육부, 2017. 12.

- 〈2016 초·중등 진로교육 현황조사 결과 발표〉, 교육부, 2016. 12.
- 《요즘 애들 요즘 어른들: 대한민국 세대분석 보고서》, 김용섭, 21세기 북스.
- 《라이프 트렌드 2020: 느슨한 연대》, 김용섭, 부키.
- 《라이프 트렌드 2019: 젠더 뉴트럴》, 김용섭, 부키.
- 《라이프 트렌드 2018: 아주 멋진 가짜》, 김용섭, 부키.
- 《라이프 트렌드 2017: 적당한 불편》, 김용섭, 부키.

- 인스타그램 @giantpengsoo
- 유튜브 〈자이언트 펭TV〉

Pengsoo
Syndrome